포스트 코로나 신상권 지도

매경이코노미 지음

매일경제신문사

살아 꿈틀거리는 서울 상권…
코로나로 또 다른 변화가 시작됐다

상권을 흔히 살아 있는 생명체라고 합니다. 누구는 메뚜기와 같다고 표현합니다. 잘나가는 것 같더니 금방 식어버리고, 어디 한군데가 핫해지면 주변으로 급속히 번지기도 합니다. 변화의 속도는 더 빨라졌고, 규모도 더 커졌습니다.

신도시나 뉴타운이 들어서면 주변 상권이 초기에 확 살아납니다. 잇따른 신도시 조성으로 수도권에도 대형 상권이 속속 등장했습니다. 분당 서현역, 야탑역, 정자역 주변이 대표적이고, 광교, 용인, 일산의 주요 전철역 주변도 활성화됐습니다. 하지만 돈이 제대로 벌리는 상권이 형성되려면 3~5년은 필요하다는 얘기가 많습니다. 도시의 중심축 이동으로 인한 상권 영향도 무시할 수 없습니다. 일례로 판교신도시가 들어선 초기 백현동 카페 거리는 고급 음식점, 카페와 상점들이 들어오며 높은 인기를 끌었습니다. 하지만 신분당선이 개통되고 현대백화점이 들어선 데다 테크노밸리로 판교의 중심축이 바뀌면서 카페 거리는 위축될 수밖에 없었습니다.

이미 오래전부터 조성된 기존 상권도 살아 움직이기는 마찬가지입니다. 이전에는 기존 상권의 경우 상권이 100m 확장하는 데 10년이 걸린다는 말이 있었습니다. 하지만 이태원이 경리단길과 해방촌으로 확장하고, 연남동과 홍대 상권이 북쪽으로 연희동, 남쪽으로는 상수·합정·망원동으로 퍼져 나가는 속도는 상상 이상이었습니다.

교통망 구축도 상권에 굉장히 중요한 요소입니다. 지하철이 새로 개통되면 역을 중심으로 상권이 생깁니다. 그런데 이게 참 예측처럼 되지 않습니다. 한강 이남 최고의 황금 노선으로 불리는 신분당선의 북쪽 종착역이 2021년 5월 강남역에서 신사역으로 옮겨졌습니다. 연장선이 개통되면서 신논현, 논현, 신사역 등 3개의 전철역이 추가됐습니다.

다들 신사역 주변, 특히 가로수길이 신분당선 연장의 최대 수혜 지역이 될 거로 예상했습니다. 최근 가로수길이 나로수길, 다로수길 등으로 확장되면서 활성화하고 있지만 확장의 강도로 보면 신논현역 인근의 영동시장 먹자골목도 만만치 않습니다.

일본에서도 전철의 변화가 예상외의 결과를 가져온 사례가 있습니다. 도쿄 최고 상권인 시부야에서는 모두 9개의 전철을 탈 수 있습니다. 이 중 도요코선은 시부야를 기점으로 도쿄 남쪽의 위성 도시인 요코하마를 잇는 대형 전철이고, 후쿠토신선은 시부야에서 출발해 북쪽의 위성 도시인 사이타마로 가는 전철입니다. 2013년 3월 두 개의 노선이 서로 연결됐습니다. 북쪽 사이타마에서 후쿠토신선을 타고 가만히 앉아 있으면 도쿄를 지나 남쪽 요코하마까지 그대로 갈 수 있게 된 것입니다.

연결 개통식이 있을 즈음, 일본 언

론들은 연일 요코하마와 사이타마를 소개하는 기사를 쏟아냈습니다. 두 거대 위성 도시를 연결하는 직통선이 뚫렸으니 도쿄 시민들이 양쪽 도시를 많이 찾을 것이고, 해당 도시 시민들도 반대쪽을 많이 가보려 할 것이라 기대됐습니다.

하지만 직통선이 개통되자 혜택을 본 곳은 완전히 다른 지역이었습니다. 양쪽이 연결되는 시부야도 아니었습니다. 후쿠토신선의 경과역 중 하나였던 신주쿠산초메역 인근이 활성화한 것입니다. 땅값 변화에서 그대로 나타납니다. 2014년 7월 일본 국세청이 발표한 도쿄 시내 땅값을 보면 1년 전보다 가장 많이 오른 지역이 신주쿠산초메로 9.8%나 급등했습니다. 시부야는 같은 기간 7.1% 오르는 데 그쳤고요.

종전에도 유명 상권이기는 했지만 전철 노선이 1개뿐이어서 교통이 상대적으로 불편했던 곳입니다. 연결선으로 찾아가기 편리해지자 유동인구가 급증한 것입니다. 신쿠산초메역은 니혼게이자이신문이 선정한 '2013년 상반기 30대 히트 상품'에서 10위에 올랐습니다. 상품이 아닌 전철역이 히트 상품에 오르는

이변이었습니다.

이렇듯 상권은 변화의 방향과 속도를 예측하기 어렵습니다. 대규모 주거 지역 혹은 오피스타운 형성, 교통망, 경제 성장, 학군 등 많은 요소가 영향을 줍니다. 젠트리피케이션 등 사회적 현상도 상권을 변화시킵니다. 잘나가던 명동과 삼청동길이 위축된 것은 중국 관광객 급감 때문입니다. 정치·외교적 이슈도 상권을 바꿉니다.

유동인구가 많다고 무조건 장사가 잘되는 것도 아닙니다. SK텔레콤이 발표한 '2021년 대한민국 100대 상권'을 보면 우리나라에서 유동인구가 가장 많은 지역은 서울 종각역 인근이었습니다. 하루 51만8842명이 다녀갑니다.

그런데 매출 순위는 완전히 다릅니다. 1등이 서울 압구정역입니다. 지역의 월매출이 4092억원에 달합니다. 하루 유동인구는 23만1341명으로 톱10 안에 들지도 못한 지역입니다. 1등 종각역의 절반도 안 되는 유동인구로 매출액은 전국 최고를 찍었습니다. 반대로 종각역의 매출은 962억원으로 9위에 그쳤습니다. 유동인구가 단순히 많고 적은지가

중요한 게 아닙니다. 그들의 구매력이 어떤지, 지역을 지나가는 목적이 단순히 경과하는 것인지, 체류형인지 등 세밀하게 따져볼 필요가 있습니다.

이렇게 변수도 많고 예측도 어려운 상권 변화에 새로운 변수가 추가됐습니다. 전대미문의 전염병인 '코로나19'라는 초강력 태풍입니다. 사회적 거리두기로 오프라인 상권 대부분이 참혹하게 무너졌습니다. 다행히 거리두기가 해제됐지만 코로나 이전과 확실히 달라졌습니다. 과거 핵심 상권인데 좀체 살아나지 못하는 곳이 있는가 하면, 별 주목을 못받더니 코로나를 거치며 핫플레이스로 부상한 곳도 있습니다. 이전에는 외식 상권이었지만 이제는 쇼핑 상권으로 성격이 바뀌는 케이스도 있습니다.

매경이코노미는 이런 변화를 그냥 지나치지 않습니다. 취재팀은 빅데이터 전문 기업 '나이스지니데이타'와 손잡고 서울 상권 약 1200곳의 매출 변화를 분석했습니다. 2021년 4~5월부터 2022년 4~5월까지 매출이 가장 많이 늘어난 상권 10곳이 나왔습니다. 이른바 '포스트 코로나 시대, 서울 상권 톱10'입니다. '신사동 가로수길'이 1위였고, 2위 '홍대입구', 3위 '압구정로데오', 4위 '논현역', 5위 '종로3가역' 등이 뒤를 이었습니다. 6위부터 10위까지는 '교대역' '역삼역' '여의도역' '잠실새내역(신천역)' '신림역'이 차지했습니다.

취재팀도 놀란 의외의 결과였습니다. 사실 신사동 가로수길은 코로나 이전부터 쇠락의 길을 걷고 있다고 여겨져왔습니다. 높은 임대료 때문에 젠트리피케이션도 발생했습니다. 메인 도로를 걷다 보면 비어 있는 1층 점포를 어렵지 않게 볼 수 있습니다. 그런데 코로나를 거치며 다시 부활한 것입니다. 그 잘나간다

는 강남역 상권이 10위 안에 들지 않은 것도 주목할 만합니다.

취재팀은 결과를 받아들고 곧바로 현장으로 나갔습니다. 코로나를 거치며 상권 내부에서는 역동적인 변화가 전개되고 있었습니다. 취재팀은 그 세밀한 변화도 놓치지 않았습니다. 예를 들어 종로3가도 코로나 이후가 이전보다 더 활성화된 지역 중 하나입니다. 얼핏 핫플레이스가 된 익선동이나 힙지로 때문이라 생각할 수 있지만 그렇지 않았습니다.

종로3가에서 1년 새 매출이 가장 크게 증가한 업종은 한식·백반이었습니다. 단란주점과 유흥주점도 2위와 4위에 올랐습니다. 젊은 세대들이 찾는 익선동의 멋진 카페가 아니라 중장년층이 주로 찾는 업태입니다. 취재팀은 이를 토대로 종로3가가 코로나19를 극복하면서 '4050의 홍대'가 됐다고 규정했습니다.

이 책은 이렇게 서울의 주요 상권이 코로나19를 거치며 어떻게 변화했는지 조명했습니다. 살아 꿈틀거리는 상권이 어디로, 어떻게, 얼마나 빨리 변할지를 예측하기는 쉽지 않습니다. 앞으로 뜰 상권을 정확하게 찍어주는 예언서는 아닙니다. 대신 첫 점포의 출점 지역을 놓고 고민하는 예비 창업자, 현 점포의 이전지를 찾고 있는 자영업자, 상가나 토지 등을 물색 중인 투자자는 물론 대한민국 최대 도시의 상권 변화에서 우리 경제의 역동성을 공부하고 싶은 누구에게든 혜안과 인사이트를 줄 수 있습니다. 이 책을 읽고 서울 지역 상권에 대한 자신만의 관점을 갖게 된다면 그것만으로도 충분한 소득이 될 것입니다.

- **임상균** 매일경제신문 주간국장

| 차례 |

프롤로그

포스트 코로나 신상권 지도

포스트 코로나, 자영업 메가 트렌드

자영업 선진국은 지금

에필로그

포스트 코로나
신상권 지도

포스트 코로나 시대 급부상한
서울 10대 상권은 어디?

거리두기 해제 직후 매출 증가 '톱10'
가로수길·홍대입구 '빅2'…강남권 5곳

지긋지긋했던 '사회적 거리두기'가 2022년 4월 해제됐다. 침체했던 오프라인 상권은 언제 그랬냐는 듯 다시금 활기를 띠기 시작했다. 꾹꾹 억눌려왔던 소비 욕구가 폭발하면서, 팬데믹 기간 내내 파리만 날리던 음식점과 술집은 이제 웨이팅 손님으로 북적거린다. 자영업자들 표정에는 한결 여유가 생겼다.

창업을 미뤄왔던 예비 창업자들도 다시 분주하게 움직인다. 하지만 고민이 있다. '앞으로 어떤 상권이 유망할 것인가'다. 코로나 팬데믹을 겪으면서 상권별 분위기가 이전과는 판이하게 달라졌다. 과거 핵심 상권이었지만 지금은 손님 발길이 뚝 끊긴 곳도 있고, 옛날에는 별 볼 일 없던 동네였지만 코로나 팬데믹을 거치며

포스트 코로나 이후 매출 증가 상권 TOP10

순위	상권	매출 증가액	2021년 4~5월	2022년 4~5월
1위	가로수길	572억원	1844억원	2416억원
2위	홍대입구역	559억원	1475억원	2034억원
3위	압구정로데오	283억원	1608억원	1891억원
4위	논현역	259억원	1761억원	2020억원
5위	종로3가역	257억원	611억원	868억원
6위	교대역	248억원	1040억원	1288억원
7위	역삼역	245억원	725억원	970억원
8위	여의도역	228억원	940억원	1168억원
9위	잠실새내역	182억원	620억원	802억원
10위	신림역	175억원	729억원	904억원

자료 : 나이스지니데이타

'스타 상권'으로 급부상한 곳도 있다. 이전에는 외식 상권이었지만 이제는 쇼핑 상권으로 바뀌는 등 아예 상권 특성이 달라진 곳도 있다.

포스트 코로나 시대, 새롭게 달라진 '신상권 지도'를 눈여겨봐야 하는 이유다. 매경이코노미는 '나이스지니데이타'와 손잡고 서울 주요 상권 약 1200곳의 매출 변화를 분석했다. 기준은 사회적 거리두기가 해제된 이후인 2022년 4~5월이다. 코로나 팬데믹이 한창이던 지난 2021년 4~5월 대비 매출이 가장 많이 늘어난 상권 10곳을 추렸다. 이른바 '포스트 코로나 시대, 서울 상권 톱(TOP)10'이다.

상권도 '강남 불패'… 코로나 팬데믹에도 굳건

결론부터 말하면 해당 기간 서울에서 매출이 가장 많이 늘어난 상권은 '신사동 가로수길'이다. 2위는 '홍대입구', 3위는 '압구정로데오', 4위는 '논현역', 5위는 '종로3가역'이다. 6위부터 10위까지는 '교대역' '역삼역' '여의도역' '잠실새내역(신천역)' '신림역'이 차지했다.

의외의 결과다. '한물 간 상권'이라는 평가가 지배적이던 '신사동 가로수길'이 1위를 차지했다. 2022년 4월과 5월 두 달 동안, 상권 내 매출이 전년 대비 572억원 넘게 늘었다. 2위 홍대입구(559억원)를 근소한 차이로 앞섰다. 3위 압구정로데오(283억원), 4위 논현역(259억원), 5위 종로3가역(257억원) 등 다른 상권과 비교하면 매출 증가폭이 2배 이상 크다.

가로수길의 약진을 견인한 것은 다름 아닌 '의료 서비스'다. 매출이 가장 큰 폭으로 늘어난 업종을 살펴본 결과 '성형외과(122억원)' '일반 병원(121억원)' '치과(43억원)' '안과(27억원)'가 많았다. '한식(40억원)'과 '호프 · 맥주(17억원)' 매출도 증가하기는 했지만 병원과 비교하면 미미하다. 가로수길을 제외한 다른 주요 상권에서 거리두기 해제 이후 '외식'과 '주점' 매출이 급등한 것과는 다른 양상이다. 1990년대부터 패션과 트렌드의 성지로 군림해오던 가로수길이 코로나 시대를 거치면서 이제는 '성형 · 미용의 메카'로 거듭난 셈이다.

1위 가로수길을 비롯해 강남의 강세가 유독 돋보인다. 3위 압구정로데오, 4위 논현역, 7위 역삼역까지 상위 10개 상권 중 4개가 강남구에 포진했다. 서초구에 위치하지만 사실상 강남 권역으로 분류되는 '교대역(6위)'까지 포함하면 강남 강세는 더욱 두드러진다.

상권도 '강남 불패'다. 사실 강남 상권은 코로나 팬데믹이 한창이던 2021년에도 매출이 줄지 않았다. 2021년 4월 가로수길 상권 매출은 916억원. 코로나 이전인 2019년 4월(774억원)보다 오히려 140억원 가까이 많았다. 압구정로데오(720억원→783억원)와 논현역(703억원→824억원)도 마찬가지로 코로나 충격에도 불구하고 매출이 늘어나는 양상을 보였다. 코로나 팬데믹 기간 동안 매출이 급감한 다른 대부분 상권과는 분위기가 달랐다. 같은 기간 홍대입구 상권 매출은 891억원에서 698억원으로, 종로3가역은 365억원에서 290억원으로 감소한 바 있다.

한편, 같은 강남이라고 모든 상권이 잘되는 것은 아니다. 강남역(25위), 선정릉역(34위), 삼성역(50위), 코엑스(76위) 상권 매출 증가폭은 상대적으로 크지 않았다.

'외식 부활' 홍대, 종로3가⋯ 강북도 '선전'

강북에서는 코로나 직격탄을 맞았던 홍대입구가 2위에 오르며 화려한 귀환을 알렸다. 대학생 대면 수업이 재개되고 쇼핑 · 관광 고객이 몰리면서 전방위 업종에 걸쳐 매출 증가세를 보이는 중이다. 2022년 4~5월 한식 매출이 전년 대비 82억원, 호프 · 맥주는 72억원, 패션 · 의류도 26억원 넘게 늘었다. 이 밖에도 소주방 · 커피 전문점 · 일식 · 경양식 · 삼겹살 등 업종 매출이 큰 폭으로 올랐다. 전년 대비 매출 증가 상위 업종 10개 중 8개가 외식 업종이다.

홍대입구 상권에서 와인 전문점을 운영하는 김상진 씨(가명)는 "거리두기 해제 이후 운영 시간이 연장되면서 순수하게 매출이 2~3배 가까이 뛰었다. 저녁 6시

코로나19 유행 이후 매출이 급감했던 홍대입구는 엔데믹 시대에 접어들면서 가파르게 매출이 회복했다.

부터 9~10시까지밖에 운영할 수 없던 과거와 달리 이제는 새벽 1~2시까지도 손님이 꾸준히 찾아오는 덕분이다. 연말에 외국인 관광객까지 돌아온다면 상황은 더 좋아질 것"이라고 기대를 내비쳤다.

'종로3가'도 홍대입구와 상황이 비슷하다. 홍대입구와 종로3가 상권은 특성이 비슷하다. 고려대 · 성균관대 · 한국외대 등 인근 대학생이 많이 찾을 뿐 아니라 경복궁 · 광화문 등을 둘러보기 위한 외국인 관광객에게도 인기가 많다.

사회적 거리두기 해제 이후 매출 흐름도 홍대입구와 유사하다. 외식과 음주 관련 업종이 상권 전체 분위기의 활성화를 이끌며 코로나 팬데믹 충격에서 빠른 속도로 회복하고 있는 양상이 포착된다. 한식 매출이 전년 대비 35억원 가까이 늘었고 대표적인 유흥 업종 중 하나인 단란주점 (34억원) 매출도 크게 증가했다. 호프 · 맥주(16억원 증가), 유흥주점(15억원), 모텔(8억원), 족발 · 보쌈(4억원) 등 저녁 상권 위주로 매출 상승세가 관찰된다.

서울을 대표하는 '저녁 상권'으로 꼽히는 잠실새내역(9위)과 신림역(10위)의 부활도 의미가 있다. 각각 전년 대비 매출이 182억원, 175억원 이상 증가했다. 특히 호프 · 맥주, 유흥주점, 노래방, 나이트클럽 등의 매출 증가율이 높았다. 주시태 나이스지니데이타 팀장은 "주점 매출이 살아나는 것은 상권 내 상인들에게는 꽤나 의미 있는 지표다. 고깃집 · 횟집 · 노래방 · 유흥주점 · 숙박업소 등 주변 저녁 상권 매출이 동반 성장할 수 있다는 뜻이기 때문"이라고 설명했다.

돌아온 직장인…
오피스 상권 강세

포스트 코로나 시대, 매출이 늘어난 상권을 살펴보면 유독 '오피스 상권'이 많다. 비대면 재택근무가 종료되고 출근 문화가 다시 부활하면서 직장인 소비자가 다

가로수길 일대 상권은 성형외과를 비롯한 병원 업종의 매출 상승세가 두드러졌다.

종도 되살아났다. 변호사 등 '법률 서비스' 매출이 34억원, '노래방'이 15억원, '호프·맥주' 역시 14억원 가까이 증가했다. 법률 상담과 더불어 2차 상권 매출이 크게 늘어난 형국이다.

대표적인 오피스 상권으로 분류되는 '역삼역'도 마찬가지다. 역삼역 인근에는 강남 파이낸스센터를 비롯해 대기업 사옥, 금융기관, IT기업 사옥, 관공서 등이 밀집해 있다. 역삼역 상

시 돌아온 덕분이다. 주변 상권 자영업자들은 콧노래를 부른다.

서울 대표적인 오피스 상권인 교대역·역삼역·여의도역은 나란히 매출 증가 상권 6~8위를 차지했다. 6위 교대역은 코로나 이전 대비 248억원, 역삼역은 245억원, 여의도는 228억원 매출이 늘었다. 교대역 상권은 '서초 법조타운'에 근무하는 직장인들이 돌아오면서 2022년 4~5월 매출이 전년 대비 크게 늘었다. 업종으로 살펴보면 '일반 병원(39억원)'과 '한식(36억원)'이 가장 많이 늘었다. 주변 업

권에서 가장 눈에 띄는 매출 증가 업종은 '유흥주점'이다. 2021년 4~5월 10억4000만원에서 올해 74억원까지 매출 증가율 612%를 기록했다. 한식(20억원), 호프·맥주(11억원), 단란주점(8억원) 등 이른바 '먹고 마시는' 업종의 매출이 큰 폭으로 뛰었다.

'한국 금융 허브'로 불리는 '여의도역' 상권도 부활했다. 과거 여의도는 대표적인 '유통 불모지'로 꼽혔다. 주말이면 소비자 발길이 뚝 끊기는 공동화 현상으로 한적한 모습을 보였다. 최근에는 분위기가

달라졌다. 지난해 2월 '더현대 서울'이 여의도의 새로운 랜드마크로 급부상하면서 주변 상권 분위기가 덩달아 살아났다. 실제 서울시 공공데이터 지하철 역별 승하차 인원 통계에 따르면 2022년 여의도역 5월 승하차 인원은 305만1193만명으로 더현대 서울이 개점하기 한 달 전인 2021년 1월(205만9358명) 대비 100만명 가까이 증가한 것으로 나타났다.

여의도에서 한식 전문점을 운영 중인 이한철 씨(가명)는 "여의도 증권가 애널리스트를 비롯해 직장인 대규모 회식 수요가 급증하고 있다. 매장 규모가 크고 술자리를 함께할 수 있는 업종 중심으로 외식업 매출이 크게 늘어나는 모습이다. 주변 음식점들이 '더현대 서울 맛집'이라는 식으로 공격적인 마케팅을 이어가면서 주말 매출도 상당 부분 회복했다"고 설명했다.

2030 파워로 부활
'신림·잠실새내'

이른바 '잘나가는' 상권이 되려면 젊은 인구 유입이 필수다. 유행을 주도하고 소비력을 갖춘 2030세대가 많이 올수록 상권이 살아난다는 것은 상식에 가깝다. 코

재택근무가 끝나고 출근이 공식화되면서 오피스 상권이 활기를 띤다.
© 윤관식 기자

로나 팬데믹 이후에는 더욱 그렇다. 코로나19 감염 위험을 의식해 중·장년층이 활동을 줄이는 데 비해, 감염에 덜 민감한 청년층은 더 활발히 움직이는 탓이다. 실제 서울 매출 상승률 상위 상권 중에는 청년 고객 비중이 높은 상권이 상당수다. 대표적인 2곳이 '신림역' 상권과 '잠실새내역' 인근 상권이다. 조춘한 경기과학대 교수는 "20·30대는 코로나19를 비롯한 감염병에 대한 걱정이 타 연령대에 비해 적다. 외출 소비가 다른 세대에 비해 높다. 따라서 2030세대가 많이 이용하는 지역이 빠르게 매출을 회복할 것"이라 설명했다.

신림역 인근 상권은 대표적인 2030 강세

상권이다. 고시촌을 중심으로 형성된 유흥가와 신림역 인근의 순대타운을 중심으로 청년층의 이용률이 압도적으로 높다. 각종 시험을 준비하려는 젊은 인구가 계속 유입되는 덕분에 탄탄한 상권 중 하나로 꼽혔다. 실제로 코로나가 한창 유행하기 전인 2020년 1분기까지만 해도 신림 상권의 중·대형 상가 공실률은 2.5%로 서울 상권 중 가장 낮은 수준이었다. 이태원(28.9%), 용산역(14.1%), 압구정(14.7%) 등 당시 다른 서울 주요 상권 공실률과 비교하면 상당히 낮은 수치다.

2030 소비자 덕분에 신림 자영업자들은 콧노래가 절로 나온다. 2022년 4·5월 매출액은 904억9146만원으로 2021년 같은 기간에 비해 24.1%(175억4590만원) 올랐다. 저녁 식사 시간 제한이 풀리고 유흥주점 등이 개방되면서 젊은 소비자가 대거 몰렸다. 밤늦게 식당 이용이 가능해지면서 일반 유흥주점(411%)과 호프·맥주(116%) 업종의 매출이 급상승했다. 영업제한이 사라진 나이트클럽 업종의 경우 지난해 대비 매출이 4376% 오르는 등 폭발적인 회복세를 보였다.

과거 신천역이라 불리던 현 잠실새내역 상권은 야구 관중 입장·대형 콘서트 등이 재개되면서 웃음을 짓는다. 잠실새내역 인근은 흔히 '뒤풀이 상권'으로 불린다. 잠실야구장에서 경기를 보거나, 종합운동장에서 콘서트 관람을 마친 관객들이 술자리를 즐기는 곳이 잠실새내역 근처 점포들이다. 당연히 스포츠·문화생활을 즐기는 젊은 세대의 이용률이 높다. 때문에 스포츠 경기 관중 입장 금지, 대형 행사 금지 등 지침이 내려진 2021년 매출이 대폭 줄었다.

올해 들어 대형 콘서트가 다시 열리고, 야구장 관중 입장이 허용됨에 따라 가파른 회복세로 돌아섰다. 잠실새내역 상권의 2022년 4~5월 매출액은 802억37만원으로 전년 같은 기간에 비해 30% 가까이 올랐다. 매출이 가장 많이 오른 업종은 호프·맥주 업종이었다. 105%가 넘는 증가율을 보였다. 이어 일반 한식, 갈비·삼겹살 등 뒤풀이 이용객이 많은 업종이 그 뒤를 따랐다.

포스트 코로나 시대, 자영업자 전략은

오프라인 상권이 부활 조짐을 보이면서, 자영업자에게도 새로운 전략이 필요하게 됐다. 팬데믹 유행이 극성일 때는 '배달·온라인 매출'이 가장 중요한 열쇠였다. 입지·상권과 무관하게 라이더 동선과 온라인 마케팅에만 집중해도 높은 수익을 올릴 수 있었다. 문제는 엔데믹 시대로 접어들면서 양상이 복잡하게 바뀌었다는 점이다. 상대적으로 배달 수요가 줄고 오프라인 상권이 활성화되면서 마케팅 전략에도 수정이 필요하다.

전문가들은 "온·오프라인 모두 공략 가능한 상권 선정이 필수"라고 입을 모은다. 먼저, 교통과 입지 요건은 더욱 중요해졌다. 배달·배송 혁명을 겪은 소비자들이 이전보다 '편리함'에 익숙해졌기 때문이다. 같은 오프라인 가게라고 해도 접근이 용이한 상권에 손님이 몰릴 수밖에 없다는 분석이다. 권강수 상가의신 대표는 "접근성이 떨어지는 상권은 '롱런'하지 못한다. 아무리 상권 전체 분위기가 좋다고 해도 내리막·오르막에 위치한 가게는 피하라고 조언한다. 교통 여건이 좋고, 평지인 곳에 점포를 내는 게 좋다"고 조언했다.

팬데믹 기간 동안 급성장했던 배달 전문 매장은, 이제 변화 없이는 생존이 불가능하다는 분석이다. 배달 수요가 감소하고, 외식 수요가 증가하고 있어서다. 강성민 대한가맹거래사 협회장은 "코로나19 기간 동안 일시적으로 수요가 급등한 배달 업종은 구조조정이 불가피하다. 배달 수요가 더 감소할 때를 대비해 선행적인 조치가 필요하다. 배달 전문 가게에서 외식이 가능한 '로드숍' 형태를 병행해야 한다. 입지가 좋지 않은 곳이라면 유동인구가 많은 상권으로 매장을 옮기는 것도 고려해봐야 한다"고 강조했다.

온·오프라인 사업을 병행하는 식으로 사업을 다각화해야 한다는 의견도 뒤따른다. 예를 들어 화장품 판매업을 한다면 오프라인 매장 입지 요건을 고려하면서도, 온라인 쇼핑몰을 통한 판매 전략 등을 동시에 진행하는 식이다. 서용구 숙명여대 경영학과 교수는 "코로나 팬데믹을 거치면서 외식뿐 아니라 의류·화장품·패션잡화 등 온라인 구매로 상당수 전환됐다. 유행이 끝나더라도 소비 패턴이 급격히 바뀔 확률은 낮다. 오프라인뿐 아니라 온라인 판매 전략을 같이 마련하는 게 필수"라고 말했다.

온·오프라인 상권을 모두 챙기기 위해 '콘텐츠 경쟁력'의 중요성을 강조하는 이도 많다.

"이제는 온라인과 오프라인 어느 것 하나 놓칠 수 없는 시대다. 입지 요건·가격대가 비슷하다면 '콘텐츠'가 풍부한 가게로 소비자는 몰린다. 좋은 입지 요건뿐 아니라 풍부한 콘텐츠를 갖춰야만 포스트 코로나 시대에서도 살아남는다." 조춘한 교수의 분석이다.

의료·뷰티 메카로 거듭난
'가로수길'

매출액·매출 증가액 모두 독보적 '1위'
거리는 썰렁 왜?…외식은 여전히 '부진'

'가로수길'이 1등이다. 사회적 거리두기가 끝난 이후, 가로수길은 명실공히 서울에서 가장 '핫'한 상권이다.

매경이코노미가 '나이스지니데이타'와 손잡고 2022년 4~5월 서울 주요 상권 매출을 분석한 결과, 전년 동기 대비 매출이 가장 많이 오른 상권 1위는 가로수길이 차지했다. 해당 기간 가로수길 매출

증가폭은 무려 572억원. 인근에 위치한 압구정로데오(283억원)나 논현역(259억원) 같은 상권을 2배 가까이 웃돌았다.

절대 매출액 자체도 가장 크다. 2022년 4~5월 가로수길 매출은 2416억원으로, 2위인 홍대입구역(2034억원)과 3위 논현역(2020억원)을 멀찍이 따돌렸다. 가로수길에 위치한 점포 개수는 1668개. 계

가로수길 상권은 지난해 대비 올해 매출이 가장 많이 오른 상권이었다. 그러나 일부 업종과 브랜드만 매출이 올라 '양극화' 현상도 심해졌다는 분석이 뒤따른다.

산기를 두들기면 점포 1개당 월매출이 7300만원꼴이라는 계산이 나온다. 연매출로 따지면 8억7000만원에 달한다.

2000년대 서울 상권을 호령하던 가로수길이 드디어 '부활'에 성공한 것일까.

하지만 정작 가로수길 상권을 직접 다녀보면 '의문부호'가 붙을 수밖에 없다. 가로수길 메인 거리에는 '임대 문의' 딱지가 붙은 공실 건물을 심심찮게 찾아볼 수 있다. 3개 건물이 나란히 공실인 곳도 있을 정도다. 사람이 북적이는 곳은 가로수길 가운데 위치한 애플스토어 정도. 저녁에도 상황은 크게 다르지 않다. 식사와 술자리를 즐기러 나온 이들이 많기는 했지만 '서울 1위 상권'의 인파라고 하기에는 부족한 감이 없잖다. 15년째 가로수길 상권에서 한식 주점을 운영하고 있는 이지혜 씨(가명)는 "사회적 거리두

가로수길 매출 증가 상위 업종 '톱10'

단위:개

순위	업종	2021년 매출	2022년 매출	점포 수 증감
1	성형외과	487억9000만원	609억5000만원	2
2	일반 병원	228억7000만원	349억4000만원	9
3	치과	59억5000만원	102억원	3
4	한식·백반	92억원	132억1000만원	6
5	안과	63억3000만원	90억5000만원	1
6	약국	70억8000만원	88억9000만원	8
7	호프·맥주	21억7000만원	39억1000만원	-6
8	의류	41억4000만원	57억2000만원	-4
9	일식	31억60000만원	46억2000만원	-1
10	피부과	76억9000만원	89억4000만원	-2

※ 연도별 4~5월 기준

자료 : 나이스지니데이타

가로수길에서 가장 매출이 많이 오른 업종은 의료 분야였다. 미용, 성형을 원하는 고객들이 늘어난 탓이다.

기 해제 이후 손님이 늘어난 건 맞지만, 코로나 이전과 비교하면 아직도 절반 수준에도 못 미치는 것 같다"고 말하기도 했다.

하지만 숫자는 거짓말을 하지 않는다. 가로수길 상권 매출이 서울에서 가장 많이 늘어났다는 사실은 부인할 수 없는 '팩트'다. 상권 1위 가로수길에 공실이 넘쳐나는 이유는 무엇일까. '포스트 코로나 신상권 지도' 첫 번째 심층 분석 타깃은 바로 '가로수길 상권'이다.

메인 거리, '미용·뷰티' 성지

• 신흥 명품 브랜드 속속 입점

거리에 사람은 없는데 왜 매출은 급증했을까.

매출 증가 상위 업종을 살펴보면 이해가 쉽다. '뷰티·미용' 업종에 상권 대부분 매출이 쏠려 있는 상황이다.

'성형외과' 매출이 가장 많이 올랐다. 2021년 487억원에서 2022년 609억원까지 122억원 가까이 늘었다. 2위는 '일반병원(121억원)', 3위는 '치과(43억원)'가 차지했다. 이 밖에도 5위 '안과(27억원)', 6위 '약국(18억원)', 10위는 '피부과(12억원)'였다. 상위 10개 업종 중 6개가 '의료'다. 그것도 대부분 뷰티·미용 관련된 병원들이다.

반면 상권 분위기와 유동인구에 큰 영향을 끼치는 외식 업종 매출은 상대적으로 많이 늘지 않았다. 한식·백반(4위, 40억원 증가), 호프·맥주(7위, 17억원) 정도다. 호프·맥주는 같은 기간 점포 수도 6개나 줄었다. 갈비·삼겹살 역시 전년보다 매출이 8억5000만원 가까이 늘기는 했지만 점포 수는 오히려 3개 줄었다.

이 같은 양상은 코로나 팬데믹 기간 동안 보톡스·필러 등 미용 목적의 '에스테틱' 시술 수요가 급증한 것과 관련이 있다. 한 에스테틱업계 관계자는 "재택근무와 마스크 착용이 일상화되면서 '이참에 시술을 받아보자'는 고객이 크게 늘었다. 가로수길 상권의 비싼 임대료를 감당할 수 있는 업종인 병원, 그리고 명품 브랜

건물 전체가 통으로 공실인 곳도 눈에 띄었다. 높은 임대료가 원인으로 지적된다.

CJ ENM은 뮤지컬 킹키부츠의 팝업 스토어를 가로수길에 열었다. (위) 젊은 명품 브랜드들은 오히려 앞다퉈 가로수길에 진출하는 분위기다. 딥티크 역시 올해 3월 플래그십 스토어를 열었다(아래).
©CJ ENM, 신세계인터내셔널

드가 해당 지역으로 대거 몰리면서 새로운 형태의 상권이 형성됐다"고 설명했다.

뷰티에 관심 많은 이들이 몰린 덕분일까. 가로수길은 최근 '힙'한 브랜드의 '격전지'로 변모했다. 메종키츠네, 아미(AMI), 딥티크 등 신흥 명품 브랜드들이 연달아 플래그십 스토어를 여는 모습이다.

2018년 애플이 국내 최초로 '애플스토어'를 가로수길에 선보인 게 시작점이다. 2030세대에 절대적인 인기를 자랑하는 애플이 최초로 매장을 열면서 쇠퇴하던 가로수길 상권에 변화의 바람이 불었다. 애플스토어를 방문하는 젊은 고객을 겨냥한 브랜드들이 연달아 매장을 내기 시작했다. 애플스토어가 들어선 2018년에는 여우 로고로 유명한 프리미엄 패션 브랜드 '메종키츠네'가 단독 매장을 열었고 이어 2020년에는 나이키 산하 조던 브랜드인 '조던 서울', 2021년에는 H&M그룹의 최상위 브랜드 '아르켓' 등이 가로수길에 매장을 차렸다. MZ세대 절대적인 지지를 받는 화장품(코스메틱) 브랜드 '탬버린즈'와 '헉슬리' 등도 플래그십 스토어를 냈다.

명품 브랜드 입점 열풍은 2022년에도

이어졌다. 2022년 3월에는 신세계인터내셔널이 수입·판매하는 향수 브랜드 딥티크가 가로수길에 플래그십 스토어를 열었다. 전 세계 매장 중 최대 규모다. 파리에 있는 매장보다도 서울 가로수길점이 더 크다. 7월 말에는 삼성물산 패션 부문이 전개하는 프리미엄 패션 브랜드 '아미'가 매장을 냈다. 2019년 개장한 중국 매장에 이은 아시아 두 번째 매장이다. 이 밖에 뮤지컬 '킹키부츠'가 셀프 스튜디오 '포토매틱'과 협업해 운영하는 팝업 스토어, 골프웨어 '왁(WAAC)'이 '헬로키티'와 함께 운영하는 '헬로키티 바이 왁' 팝업 스토어 등 한시적으로 운영하는 매장도 우후죽순 생겨났다.

프리미엄 패션·뷰티 브랜드들이 가로수길에 연달아 매장을 내는 이유는 '구매력을 갖춘 2030 고객의 비중'이 첫손에 꼽힌다. 소비 여력이 높으면서도 최신 트렌드에 민감한 20대와 30대 고객이 몰리는 상권이 '가로수길'이라는 설명이다. 삼성물산 관계자는 "메종키츠네를 비롯한 신명품과 젠틀몬스터, 애플스토어 등 '힙'한 브랜드들이 젊은 고객을 끌어들이고 있다. 가로수길은 성수동과 함께 젊은 세대로부터 가장 주목받는 상권이다. 젊은 세대가 많이 찾는 아미 매장을 가로수길에 낸 이유"라고 전했다. 딥티크 관계자는 "딥티크 구매 고객의 70% 가까이가 2030세대다. 가로수길은 서울 주요 도심 상권 중 젊은 층 유입이 가장 많은 곳이다. 젊은 고객 유입을 위해 거리 중심부에 단독 매장을 열게 됐다"고 밝혔다.

화려함 이면에 늘어나는 공실

• "애플이 다 올려놨다" 임대료 高高

최근 가로수길 상권 분위기는 '양극화'로 요약된다. 프리미엄 브랜드가 입점한 화려한 건물 사이사이마다 황량하게 비어 있는 '공실'이 모습을 드러낸다. 사람이 붐비는 대형 브랜드 매장과 달리 대다수의 건물은 '임대 구함'이라는 포스터가 붙어 있는 을씨년스러운 모습이다.

실제 가로수길 상권 공실률은 여전히 높은 상태다. 한국부동산원이 발표한 2022년 1분기 상업용부동산 임대동향조사에 따르면 신사역 상권의 중대형 상가 공실률은 14.7%에 달했다. 인근 압구정(4.5%), 청담(10%)보다 높다. 직전 분기인 2021년 4분기(15.6%)와 비교하면 소폭 하락했지만 전년 동기(11.5%)와 비교해서는 오히려 공실률이 올랐다.

높은 공실률의 원인은 터무니없이 높은 임대료다. 특히 애플스토어 입주는 주변

애플스토어는 가로수길에 명암을 불러왔다. 힙한 거리로 탈바꿈했지만, 동시에 임대료를 급등시킨 주범으로 지목받는다.

상인에게 '악몽'으로 작용했다. 2018년 입점 당시 애플스토어는 20년 치 임대료 600억원을 한 번에 냈다. 애플이 막대한 임대료를 지불하면서 동시에 인근 건물들도 임대료를 대폭 올렸다. 고객은 없는데 임대료만 늘어나다 보니 버티지 못한 자영업자들이 장사를 접었다.

현재도 신사역 상권 임대료는 타 상권 대비 압도적으로 높다. 한국부동산원에 따르면 2022년 1분기 신사역 상권 1층 월 임대료 평균은 $1m^2$당 8만4000원에 달한다. 압구정(4만7000원), 청담(5만9000원), 테헤란로(4만6000원) 대비 70% 이상 높은 수준이다. 해당 기간 서울 상권 내에서 신사역보다 임대료가 높은 곳은 명동(18만1900원), 강남대로(10만5800원) 두 곳뿐이다. 가로수길에서 영업 중인 한 공인중개사무소 관계자는 "코로나 팬데믹 기간에도 가로수길 임대료는 그대로였다. 인근 압구정로데오와 비교할 때 같은 면적 매장 임대료가 500만원 넘게 차이 나는 곳도 있다. 매출이 상대적으로 적은 커피 전문점·음식점 같은 업종은 도저히 영업할 수 없는 상황"이라고 말했다.

외식 상권은 점점 주변으로

● 세로수·나로수·다로수길 뜬다

가로수길 외식 상권은 메인 거리를 벗어나 주변 상권으로 퍼지는 모습이다. 임대료가 상대적으로 저렴한 외곽 상권을 중심으로 트렌디한 커피 전문점과 주점, 디저트 전문점이 빠르게 늘어나고 있다.

정식 명칭은 아니지만 가로수길 주변 상권에는 '이름'도 생겼다. 지하철 3호선 신사역과 가로수길 서편 사이에 위치한 이면도로를 일컫는 '세로수길', 동편 이면도로인 '나로수길', 나로수길보다 한 블록 더 동편으로 떨어진 곳에 위치한 '다로수길'까지 외식 상권이 확장 중이다. 다로수길 입구 근방에서 '일도씨곱창'을 운영하는 김일도 일도씨패밀리 대표는 "가로수길 상권은 복합적이다. 가로수길 메인 거리는 '관광 상권' 느낌이 강하다면 그 인근 주변 상권은 직장인이나 현지인이 주로 찾는 '로컬 상권'이다. 이 같

은 로컬 상권에서는 관광객을 타기팅한 독특한 콘셉트의 음식점보다는 한식이나 삼겹살 같은 일상식 매출이 더 잘나온다"고 설명했다.

세로수길 인근에는 역사와 전통을 자랑하는 유명 맛집이 이미 포진해 있다. 2022년 미쉐린 가이드 서울 빕구르망으로 선정된 소바 전문점 '미미면가'를 비롯해, 미국 본점의 해외 최초 분점으로 유명한 '오리지널팬케이크하우스', 포르투갈식 정통 에그타르트 전문점으로 정평 난 '나따오비까' 등이다. 미미면가 옆쪽으로는 '세광양대창' '미분당' '고반식당' 같은 식당 브랜드가 들어섰고 오리지널팬케이크하우스 바로 옆으로는 베이커리 카페 브랜드 '아우어베이커리'가 입점하며 상권이 점점 확장하는 추세다.

세로수길에 '새로' 생기는 매장도 대부분 '핫'하다. 전국에서 내로라하는 브랜드들이 세로수길 인근으로 집결 중이다. 최근 전국에서 가장 '핫'한 도넛 전문점 중 하나인 '카페 노티드'는 2021년 말 세로수길 인근에 '카페 노티드 신사 옐로우바스켓' 팝업 매장을 냈다. 홍대입구 상권에서 터키식 디저트 '카이막'으로 이른바 '대박'을 낸 '모센즈스위트' 역시 2022년 5월 2호점을 세로수길 골목길에 냈다. 서울 삼각지 우대갈비 맛집으로 유명한 '몽탄' 조준모 대표는 해장국·수육 전문 브랜드 '달래해장' 첫 번째 매장이자 직영본점을 세로수길 근방으로 정했다. 최선호 달래해장 본점 점장은 "세로수길 근방 상권은 트렌디한 가로수길과는 분위기가 다르다. 젊은 MZ세대는 물론 직장인 회식까지 다양한 연령대 손님이 찾는 상권으로 경쟁력을 갖췄다"고 설명했다.

인기 많은 '와인 다이닝바'도 여럿 생겼다. 셰프 한 명과 소믈리에 한 명이 오붓하게 운영 중인 '에스토(ESTO)', 가성비 좋은 와인으로 MZ세대에게 사랑받는 '심퍼티쿠시'도 세로수길 이면도로에서 영업을 한다.

'다로수길' 역시 코로나 팬데믹을 거치며 새롭게 주목받고 있는 상권 중 하나다. 2021년 4월 문을 연 프리미엄 티(Tea) 매장 '맥파이앤타이거 신사티룸'을 비롯해 8평 남짓 매장에서 일본 전통주와 고급 요리를 함께 판매하는 '사케츠바사' 역시 코로나 팬데믹이 한창이던 2021년 5월 오픈한 매장이다.

가로수길 상권 호재는

● 중국인 관광객 컴백…신분당선 연장

가로수길 상권 전망은 밝은 편이다. 호재가 여럿이다. '신분당선' 연장이 대표적이다. 신분당선은 서울 강남역과 경기 수원시 광교역을 잇는 31㎞ 노선으로 2011년 개통했다. 서울 강남권에서 수도권 주요 업무 지구가 위치한 판교, 광교 등 핵심 지역을 관통하는 '황금 노선'이다. 최근에는 강남역에서 9호선 신논현역, 7호선 논현역을 지나 3호선 신사역까지 이어지는 연장 공사가 마무리됐다. 소비인구가 많은 판교·광교에서 가로수길까지 접근성이 훨씬 개선된 셈이다. 향후 북쪽으로 용산역과 고양 삼송신도시까지 잇는 연장안이 현실화될 경우 상황은 더 좋아진다.

외국인 관광객 '컴백'도 반갑다. '카페 노티드' '다운타우너' 등 브랜드를 운영 중인 이준범 GFFG 대표는 "관광객이 다시

유입되기 시작하면서 '원정 성형'이나 '원정 에스테틱' 수요가 늘어날 것으로 전망하는 이가 많다. 이들은 길게는 몇 주까지도 인근 지역에서 상주하기 때문에 주변 상권 활성화에 큰 영향을 준다. 여기서 기회를 포착해 지금 매장을 열고자 하는 이들이 꽤 있다. 중국 봉쇄가 풀리면 상황은 더 좋아질 것"이라고 말했다.

하지만 가로수길을 바라보는 우려의 시선도 있다. '미용·뷰티' 매출 증가가 2차 소비로 잘 이어지지는 않는다는 점 때문이다. 주시태 나이스지니데이타 팀장은 "가로수길은 전형적인 '목적 소비'가 강한 상권이다. 예를 들어 에스테틱 시술만 받고 곧장 상권을 떠나거나, 명품 구입 후 바로 집으로 향하는 식이다. 점심과 오후 시간대 상권 매출도 상대적으로 적다"고 설명했다.

강북 최대 상권 명성 되찾은
'홍대입구'

"먹고 마시자" 20대 보복 소비 최대 수혜
인산인해…'공실 쇼크' 어느 나라 얘기?

2022년 7월 6일 토요일 저녁 7시, '만남의 장소'로 이름 난 지하철 2호선 홍대입구역 9번 출구 앞. 지하철역부터 홍익대 정문까지, 이른바 '홍대 메인 상권'은 주말을 즐기려는 인파로 인산인해다. 노상주점에서 술 마시는 20대부터 거리 버스킹 공연을 구경하는 외국인까지 다양한 풍경이 펼쳐진다. 메인 상권을 지나 'AK&홍대' 건물 옆 경의선책거리 공원 일대는 산책을 즐기는 시민이 삼삼오오 모여든다. 인근 연남동 음식점에도 대기 줄이 길게 이어져 있다.

다시 방향을 틀어 'KT&G상상마당' 건물 주변에 위치한 '홍대 카페 거리'. 사주·타로 카페는 물론 소형 액세서리 가게까지 환하게 불을 켠 상태로 고객을 맞이한다. 코로나 팬데믹에 따른 '공실 쇼크'는 딴 세상 얘기다. 상상마당을 지나 지하철 상수역과 합정역 인근에 이르기까지 인파는 좀처럼 줄어들지 않는다. 홍대입구역 인근에서 주점을 운영 중인 김규현 씨(가명)는 "거리에 사람 자체가 없던 2021년 과 달리 거리두기가 해제된 4월 이후에는 저녁을 넘어 새벽 시간대까지 손님들이 끊 이지 않고 몰려온다. 주 고객층인 20대 젊 은 층 소비 심리가 완전히 회복한 모습이다. 손님은 많은데 새벽 시간에 일할 사람을 구 하기 어려워서 고민인 사장님들이 주변에 한 둘이 아니다"라고 말했다.

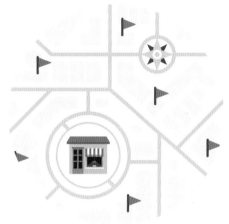

거리두기 해제 이후 매출 증가 2위 상권 으로 오른 '홍대입구'는 코로나 팬데믹 기간 가장 타격이 컸던 곳 중 하나로 꼽 힌다. 홍대를 상징하던 '클럽'이 모두 폐 쇄됐고 인근 대학교가 비대면 수업으로 전환하면서 상권을 찾는 20대 인구가 급 감했다. 공항철도 개통 후 급증했던 외국 인 관광객도 발길을 끊었다. 평일·주말, 밤낮 할 것 없이 북적이던 홍대는 삽시간 에 유령 상권으로 전락했다.

이제는 분위기가 '딴판'이다. 홍대입구

가 '강북 최대 상권' 명성을 완전히 회복 한 모습이다. 서울 동교동·서교동·연 남동·상수동에 이르기까지, 홍대입구를 둘러싼 상권마다 인파가 북적인다. 그동 안 놀지 못한 설움(?)을 분출하기라도 하 듯, 홍대 상권 분위기가 빠르게 되살아나 는 중이다.

홍대입구의 부활은 수치로도 확인된다. 매경이코노미가 '나이스지니데이타'에 의뢰해 조사한 결과에 따르면 사회적 거 리두기 해제 이후인 2022년 4~5월 매출이 전년 대비 가장 많이 늘어난 서울 상권 '2위'가 홍대입구였다. 두 달 매출이 전년보다 559억원이나 늘었고 같은 기간 점포 수는 179개 증가했다.

코로나 팬데믹 이전과 비교해도 드라마틱한 '부활'이다. 2019년 4~5월 홍대입구 상권 매출은 1871억원이었다. 그리고 3년 뒤 사회적 거리두기가 해제된 2022년 4~5월 매출은 2037억원. 3년 새 매출이 250억원이 늘었다.

재미있는 것은 점포 수는 3년 전에 비해 감소했다는 사실이다. 2019년 5월 당시 홍대입구 점포 수는 3406개, 3년 뒤인 2022년 5월에는 3131개다. 요약하자면 매출이 250억원 늘어나는 동안 점포는 270개 줄었다. 점포당 매출로 계산하면 2019년은 월 2500만원, 2022년은 3250만원이다. 3년 사이 700만원 넘게 늘어난 셈이다.

점포당 매출 증가는 코로나 팬데믹 기간을 거치며 홍대입구 상권에 나타난 두 가지 변화를 방증한다.

첫째는 '쏠림 현상'이다. 매출이 부진한 매장은 폐업한 반면 매출이 좋은 매장은 살아남았다. 폐업한 매장을 찾던 손님 발걸음이 살아남은 곳으로 몰리면서 매장당 매출이 더 늘었다. 코로나 팬데믹 기간을 견디고 살아남은 '강소 매장'에 고

객이 몰리고 있다는 얘기다.

둘째는 고급화 대형화다. 코로나 팬데믹 기간 점포 구조조정이 진행되면서 대형·고급 점포로 매출이 집중되는 경향이 강하게 나타나고 있다.

어떤 업종 매출이 늘었나

● 한식·호프·패션 '골고루' 증가

순위는 2위지만 상권 활성화만 놓고 보면 '홍대입구가 사실상 1위'라고 봐도 무방하다. 매출 증가액은 앞서 살펴본 1위 가로수길(572억원)에 조금 못 미치는 559억원이지만 점포 수 증가(179개)는 가로수길(67개)보다 2배 이상 많았다.

'매출 증가 업종'에서도 1위인 가로수길과 유의미한 차이를 발견할 수 있다.

가로수길 매출 증가 상위 업종이 '성형외과' '병원' '피부과' '치과' 등 의료 서비스에 치중돼 있는 반면 홍대입구는 '한식·백반(81억8000만원)' '호프·맥주(71억9000만원)' 매출 증가가 두드러진다. 매출 상위 업종 1·2위가 모두 먹거리와 관련돼 있다. 이 밖에도 '소주방·포장마차(6위)' '커피 전문점(7위)' '일식(8위)' '양식(9위)' '갈비·삼겹살(10위)'까지, 매출 증가 상위 10개 업종 중 7개가 먹거리다.

거리두기 해제 이후 매출 증가 상권 '톱10' 단위:원, 개

순위	지역	증가액	점포 수 증감
1	가로수길	572억	67
2	홍대입구역	558억9000만	179
3	압구정로데오	283억3000만	41
4	논현역	258억9000만	29
5	종로3가역	256억9000만	98
6	교대역	247억9000만	33
7	역삼역	245억2000만	15
8	여의도역	227억7000만	34
9	잠실새내역	182억1000만	38
10	신림역	175억5000만	99

※ 2022년 4~5월 기준(전년 동기 대비)　　　　　자료 : 나이스지니데이타

거리두기 해제 후 홍대입구 매출 증가 상위 업종 단위:만원, 개

순위	지역	증가액	점포 수 증감
1	한식·백반	81억8000	13
2	호프·맥주	71억9000	-2
3	일반 병원	27억5000	7
4	의류·패션	26억1000	18
5	피부과	24억2000	0
6	소주방	23억9000	1
7	커피 전문점	21억9000	89
8	일식	21억5000	19
9	양식	19억3000	4
10	갈비·삼겹살	17억2000	-8

※ 2022년 4~5월 기준(전년 동기 대비)　　　　　자료 : 나이스지니데이타

상권의 저녁 매출을 책임지는 주점 매출 뿐 아니라, 낮 시간대 강세를 보이는 커피·일식·양식 매출까지 고르게 증가한 것은 상권에 긍정적인 신호다.

소매·서비스 업종도 웃는다. 전년 대비 의류 매출이 26억1000만원, 미용실이 14억1000만원, 편의점이 9억8000만원 각각 늘었다. 여가·오락 업종에서는 노래방과 피트니스 센터, 모텔·여관 매출 증가가 두드러졌다.

홍대를 떠났던 학생들도 돌아온 모습이다. 무용·댄스학원(101%), 실용음악학원(322%), 피아노 음악학원(357%) 등 홍대를 상징하는 예체능 계열 학원 2022년 매출이 전년 대비 많게는 4배 가까이 뛴 모습이다. 외국어학원 매출도 124%나 늘었다.

가장 드라마틱한 매출 증가 업종은 '스포츠 센터'다. 2021년 5월 800만원에서 2022년 5월 9320만원까지 1055%나 뛰었다. 스포츠 센터 역시 코로나 직격탄을 맞은 업종 중 하나다. 팬데믹 기간 중 출입 금지와 마스크 착용 의무화로 매출이 급감했지만 사회적 거리두기 해제 이

코로나 감염 걱정에서 상대적으로 자유로운 2030세대가 홍대입구 상권의 주소비층이다. 특히 경의선책거리는 도심 속 공원으로 많은 사람이 몰린다.

후 정상화됐다. 이렇듯 먹거리가 아닌 여가 · 오락 · 학문 · 교육 등 서비스 전반 매출이 늘어나며 상권 전체가 활기를 되찾은 모습이다.

주시태 나이스지니데이타 팀장은 "홍대 상권에서 호프와 포차 등 주점 매출 증가율이 특히 눈에 띈다. 주점은 노래방이나 숙박업소, 유흥주점, 바(Bar) 같은 2차 소비로 이어질 가능성이 큰 업종으로, 주변 상권 활성화 정도를 가늠하는 지표가 된다"고 설명했다.

요즘 홍대, 어디가 핫할까

● 동교동 메인 상권부터 연남동까지

홍대 상권은 동교동 · 서교동 · 연남동 · 상수동을 아우르는 거대 상권이다. 크게는 4개 상권으로 구분할 수 있다. 먼저 지하철 2호선 홍대입구역부터 홍익대 정문까지 서교초를 둘러싼 '동교동 상권', KT&G상상마당과 합정역 · 상수역 사이에 포진한 '합정 · 상수 상권', 공항철도 홍대입구역에서부터 경의중앙선 서강대역 방향으로 길게 늘어선 '경의선책거리 상권', 마지막으로 경의선숲길 공원 부근 이른바 '연트럴파크' 옆쪽으로 조성된 '연남동 상권'이다.

'동교동 상권'은 유동인구가 가장 많은 '메인 상권'이다. 커피빈·설빙·공차 등 대형 프랜차이즈 매장을 비롯해 다양한 음식점과 주점이 포진해 있다. 홍대 라멘 맛집으로 유명한 '마시타야', 가성비 사누키 우동으로 웨이팅이 끊이지 않는 '가미우동', 오코노미야키 전문점으로 이름난 '우와' 등 일식 전문점이 강세를 보인다.

'상수 카페 거리'를 중심으로 자리 잡은 '합정·상수 상권'은 비교적 가격대가 높고 찾는 연령층도 20대보다는 30대가 많은 상권이다. 인기 있는 음식점으로는 햄버그스테이크 맛집으로 유명한 '윤씨밀방', 역사와 전통을 자랑하는 '초마', 한우 오마카세 전문점 '우마담', 시그니처 메뉴인 '목살 스테이크'로 오랜 기간 사랑받는 '정화' 등이 있다.

'연남동 상권'은 평일 주말 할 것 없이 맛집을 찾은 손님들로 대기 줄이 끝없이 늘어서 있다. 그만큼 유명 맛집들로 즐비하다. 프리미엄 도넛 시장 열풍을 일으킨 '랜디스도넛 연남점' 옆으로는 피맥 맛집으로 소문난 '랫댓', 맞은편에는 '떡볶이 돈가스'로 유명한 '해피치즈스마일'이 자리를 잡았다. 동편으로 '슬로우캘리' '미

홍대 상권을 구성하는 4개 상권. ⓒ 매경이코노미

최근 3개월 '식신' 검색량 증가 홍대 상권 음식점 순위는

순위	매장명	주요 메뉴
1	산울림1992	한식 주점
2	우와	오코노미야끼
3	피오니	딸기 케이크
4	아오이토리	베이커리
5	가미우동	일본식 우동
6	마시타야	라멘
7	감성타코홍대	타코
8	하카타나카	일본 가정식
9	부탄츄 홍대점	라멘
10	신미경홍대닭갈비	철판 닭갈비

※ 7월 13일 기준   자료 : 식신

'경의선책거리 상권'은 비교적 신흥 상권에 속한다. 유동인구는 많지 않지만 상대적으로 저렴한 임대료 덕분에 좁은 골목 사이사이 특색 있는 가게들이 자리 잡고 있다.

쁘동' '카멜로연남' 등 네이버 방문 리뷰 수가 1000건이 훌쩍 넘는 유명 음식점들이 빼곡히 들어서 있다.

'경의선책거리 상권'은 비교적 신흥 상권에 속한다. 유동인구는 많지 않지만 상대적으로 저렴한 임대료 덕분에 좁은 골목 사이사이 특색 있는 가게들이 자리 잡고 있다. 다양한 종류의 전통주를 맛볼 수 있는 전통주 전문점 '산울림1992'가 유명

하다. 맛집 빅데이터 플랫폼 '식신'에서 2022년 6~8월 검색량이 가장 많이 증가한 홍대 상권 음식점 1위를 차지하기도 했다. 이 밖에도 인디 음악 라이브 카페 '언플러그드', 저마다 본업이 있는 대표 8명이 공동 투자해 차린 한식 주점 '사랑방', 자유로운 분위기 속에서 외부 음식 반입과 셀프 계산도 가능한 '이세상괜한 걱정', 프리미엄 과일 전문 디저트 카페

코로나19 유행 동안 찾아보기 힘들었던 버스킹 공연도 새로 돌아왔다.

'떵크프룻'도 최근 각광받는 매장이다. 2021년 8월 경의선책거리 상권에 '사랑방'을 개업한 금수민 공동 대표는 "경의선책거리 상권에는 재미있고 개성 있는 가게들이 밀집해 있다. 2022년 6월 인근에 있는 언플러그드, 떵크프룻, 이세상팬한걱정 등 친한 이웃 가게들과 힘을 모아 골목에서 '플리마켓'을 진행했을 정도로 상권 분위기도 '훈훈'하다"고 자랑했다.

부활 일등 공신은 2030세대

● 압도적 유동인구에 매출 증가

홍대입구 상권이 극적으로 부활한 배경에는 '막강한 유동인구'가 자리한다. 엔데믹 체제로 전환되면서 사회적 거리두기가 풀리고 외식과 유흥을 원하는 인구가 홍대입구로 몰리면서다.

홍대입구 일대는 코로나 팬데믹 직격탄

홍대입구 상권은 엔데믹 체제와 함께 부활에 성공했다. 홍대입구와 상수-합정-연남동 일대는 평일 주말 할 것 없이 사람으로 붐빈다.

을 맞은 바 있다. 유동인구 자체가 급감했다. 서울연구원에 따르면 2019년 연간 유동인구 2551만명을 기록했던 마포구 서교동(홍대입구) 일대 유동인구는 2020년 1964만명으로 24% 감소했다. 대학생과 외부 고객에만 의존하는 상권 특성 영향이 컸다. 대단지 아파트 등 주택 배후수요가 없던 홍대는 명동과 함께 '몰락하

는' 강북 상권으로 손꼽혔다.

하지만 코로나 팬데믹이 진정되면서 반전의 계기가 마련됐다. 2021년 11월 위드 코로나 정책이 시행되면서 유동인구가 점차 회복을 시작했고 2022년 4월 '엔데믹 체제'에 접어들면서 정상화 속도는 더욱 가속화됐다.

서울교통공사가 발표한 '2022년 1~5월 역별 수송수입 실적' 통계에 따르면 홍대입구역 일평균 승하차 수는 10만5475명에 달한다. 이는 전체 서울 지하철역 중 4위에 해당하는 수치다. 상권 근처에 위치한 합정역(7만9541명), 망원역(2만5986명), 상수역(1만6687명)까지 합치면 유동인구만 20만명을 넘어간다. 홍대 상권 근처 하루 지하철 이용자만 20만명에 달한다는 뜻이다. 버스·택시 등 다른 대중교통 이용자까지 더하면 홍대입구 상권의 유동인구 규모는 더욱 커진다.

다른 지역에 비해 유독 홍대입구 상권의 유동인구 회복세가 두드러진 이유는 '젊은 세대'가 주요 고객인 영향이 크다. 코로나 감염 걱정에서 상대적으로 자유로운 2030세대가 홍대입구 상권의 주소비층이기 때문이다. 실제 데이터에서도 젊은 층 지출 증가세가 포착된다. 나이스지니데이타에 따르면 전년 대비 올해 4~5월 매출 증가폭이 가장 컸던 연령대는

홍대입구 상권이 극적으로 부활한 배경에는 '막강한 유동인구'가 자리 잡는다. 엔데믹 체제로 전환되면서 사회적 거리두기가 풀렸고 외식과 유흥을 원하는 인구가 홍대입구로 몰렸다.

'30대(178억원)'였고 '20대 이하(170억원)'가 30대 뒤를 바싹 쫓았다. 반면 40대(102억원), 50대(86억원), 60대 이상(3억원)에서 매출 증가는 크게 두드러지지 않았다.

유동인구 회복에 공실률도 덩달아 감소세로 돌아섰다. 2021년 3분기 17.7%까지 치솟았던 홍대·합정 상권 중대형 상가 공실률은 2022년 1분기 13.3%까지 감소했다. 2021년 4분기 28.1%를 기록했던

소형 상가 공실률은 2022년 1분기 16.7%로 대폭 줄었다. 특히 홍익대 정문에서 홍대입구역까지 이어지는 메인 상권은 완전히 활기를 되찾았다. 홍대입구 인근에서 공인중개사무소를 운영하는 이태민 씨(가명)는 "최근에는 공실뿐 아니라 임대료를 내리지 않은 점포들까지 계약 문의가 이어진다. 과거 '무권리 점포'도 점차 사라지는 모습이다. 메인 상권 권리금은 다시 억대까지 회복했을 정도"라고 분

상수동 카페 거리는 특색 있는 카페들로 유명세를 탔다.

위기를 전했다.

변화하는 홍대 상권 트렌드

● '프랜차이즈' 쇠퇴…개성 갖춰야

포스트 코로나 시대. 홍대입구 상권에는
어떤 가게를 내면 좋을까.
'프랜차이즈' 창업은 신중할 필요가 있
다. 코로나 팬데믹을 거치면서 기존 프랜
차이즈 브랜드가 대거 철수했다. 버거킹

홍대점이 2020년 철수했고 2021년에는
맥도날드가 폐점했다. 메인 상권에 자리
잡았던 스타벅스 홍대점과 엔제리너스도
줄줄이 문을 닫았다. 유동인구 감소와 높
은 임대료를 견디지 못한 탓이 컸다.
프랜차이즈 매장이 나간 자리를 특색 있
고 독특한 브랜드들이 채워가는 모습이
다. 코로나 유행이 끝나갈 무렵부터 패
션과 식음료 브랜드들이 독특한 콘셉트
를 내세운 오프라인 매장을 홍대 상권에
서 선보였다. 터키 디저트 '카이막'을 주

무기로 내세운 '모센즈스위트', 야외석으로 시원한 분위기를 강조한 카페 '허밍벨라', 플라워 카페로 차별화한 '콜린' 등이 대표적이다.

패션에서는 활동이 편하고 캐주얼한 '스트리트 브랜드'가 강세를 보인다. 무신사가 2021년 5월 개장한 첫 번째 오프라인 매장 '무신사 스탠다드 홍대'가 선봉장이다. 문을 연 지 3일 만에 6500명이 몰렸고 1억7000만원의 매출을 올렸다. 이외에도 널디·이벳필드·커버낫 등 젊은 세대에게 뜨거운 인기를 자랑하는 브랜드들이 앞다퉈 홍대에 매장을 열었다. 특히 홍대입구역 대로변에 신축 빌딩이 늘

어나면서 대로변에 대형 매장을 오픈하는 사례가 늘었다. 스포츠 브랜드 나이키도 2022년 7월 홍대에 새로운 콘셉트의 체험형 매장 '나이키 스타일'을 개장했다. 나이키 스타일이 들어선 것은 서울 홍대가 전 세계 최초다.

유통업계 관계자는 "역과 가까우면서 핫한 식음료 매장과 인기 브랜드 매장이 들어오는 상권은 MZ세대가 결국 다시 찾는다. 홍대입구 상권이 대표적인 예다. 인기 브랜드가 2030 소비자를 모으고, 유동인구에 주목한 브랜드가 홍대입구에 매장을 내는 선순환이 일어나는 게 홍대 상권이 가진 힘"이라고 분석했다.

화려한 부활 성공한 '오렌지족 성지'
'압구정로데오'

노티드·도산분식·아우어베이커리…
임대료 폭락 틈타 힙한 브랜드 입점

'비 온 뒤에 땅이 굳는다'는 말이 절로 떠오른다. 2000년대 초반 '오렌지족의 성지'에서 2010년대 '퇴물 상권'으로 전락했던 '압구정로데오'가 화려한 부활을 알렸다. 2000년대 중반 이후 상권 쇠락과 함께 찾아온 임대료 폭락 덕분에 이제는 전국에서 가장 '힙'한 브랜드들의 격전지로 거듭났다.

'포스트 코로나 신상권 지도' 세 번째 주인공은 '압구정로데오'다. 사회적 거리두기 해제 직후인 2022년 4~5월 두 달 동안 전년 대비 매출이 가장 많이 늘어난 상권을 조사한 결과, 압구정로데오가 가로수길과 홍대입구에 이은 3위를 차지했다. 매출 증가액은 283억3000만원, 같은 기간 점포 수는 41개 늘어났다. 가로

압구정로데오 상권 특성을 가장 잘 설명하는 키워드는 '다양성'이다. 외식업을 비롯해 카페, 주점, 의료, 패션, 전시 등 다양한 업태의 매장이 오밀조밀 자리 잡고 있다.

수길·논현역과 함께 코로나 팬데믹 기간에도 매출이 떨어지지 않은 서울 내 몇 안 되는 상권이 바로 압구정로데오 상권이다.

골고루 구성된 소비 포트폴리오

● 코로나 팬데믹에 매출 오히려 성장

압구정로데오 상권은 압구정로(북쪽), 언주로(서쪽), 압구정로 60길(동쪽), 도산대로(남쪽) 등 4개 거리에 둘러싸여 있다. 위로는 갤러리아 백화점, 서편으로는 가로수길, 동편으로는 청담동 명품 거리와 맞닿아 있다.

압구정로데오 상권 특성을 가장 잘 설명하는 단어는 '다양성'이 아닐까 싶다. 비교적 크지 않은 상권임에도 불구하고 외식을 비롯해 카페, 주점, 의료, 패션, 전시 등 다양한 업태의 매장이 오밀조밀 골고루 자리 잡고 있다.

매출 증가 1·2위 상권인 가로수길·홍

코로나 팬데믹에도 꺾이지 않은 압구정로데오 매출
단위:억원

※ 4~5월 기준
자료:나이스지니데이타

거리두기 해제 이후 매출 증가 상권 '톱10'

순위	지역	증가액	점포 수 증감
1	가로수길	572억원	67개
2	홍대입구역	558억9000만원	179개
3	압구정로데오	283억3000만원	41개
4	논현역	258억9000만원	29개
5	종로3가역	256억9000만원	98개
6	교대역	247억9000만원	33개
7	역삼역	245억2000만원	15개
8	여의도역	227억7000만원	34개
9	잠실새내역	182억1000만원	38개
10	신림역	175억5000만원	99개

※ 2022년 4~5월 기준(전년 동기 대비)
자료:나이스지니데이타

대입구와 비교하면 압구정로데오의 다양성은 더욱 두드러진다. 가로수길과 홍대입구의 매출 증가 상위 업종을 살펴보면 한쪽으로 쏠려 있는 양상이 포착된다. 가로수길은 성형외과(1위), 일반 병원(2위), 치과(3위), 안과(5위), 약국(6위), 피부과(10위) 등 의료 서비스 분야가 상권 매출 증가를 견인했다. 반면 같은 기간 홍대입구 매출 증가 상위 업종은 한식·백반(1위), 호프·맥주(2위), 소주방(6위), 커피 전문점(7위), 일식(8위), 양식(9위), 갈비·삼겹살(10위) 등 대체로 먹거리에 집중돼 있다.

압구정로데오는 조금 다르다. 매출이 가장 많이 오른 업종은 '백반·한식'으로 전년 대비 43억원이 올랐다. 한편, 2위부터 4위까지는 피부과·병원·성형외과 등 의료 서비스다. 밑으로는 바·카페(6위)와 양식(7위)은 물론 안경점(10위), 한복(11위), 스포츠용품(12위)에 이르기까지 매출 증가 업종이 다양하다. 의료가 강한 가로수길과 먹거리가 강세인 홍대입구 상권의 특성을 섞어 놓은 느낌이다. '안정적인 포트폴리오' 덕분일까. 압구정로데오 상권은 코로나 팬데믹도 비켜 갔다. 코로나 팬데믹이 한창이던 2021년 4~5월 매출(1608억원)이 코로나 이전이었던 2019년 4~5월(1477억원)보다 높았다. 2021년 매출이 2019년 매출보다 늘어난 상권은 서울에서 찾아보기 힘들다. 같은 기간 홍대입구 상권 매출은 1871억원에서 1475억원으로, 종로3가역 상권은 736억원에서 611억원으로 각각 100억원이 넘는 하락폭을 보였다. 교대역(1182억원→1040억원), 역삼역(913억원→725억원), 신림역(850억원→729억원), 잠실새내역(725억원→620억원) 등 다른 주요 상권도 마찬가지다.

김도훈 나이스지니데이타 연구원은 "압구정로데오는 '종합 상권'이다. 인근 가로수길처럼 의료 서비스 매출이 강세를 보이는 동시에 커피 전문점이나 가볍게 음주를 즐길 수 있는 형태의 '바' 매장도 매출이 잘 나온다"고 설명했다.

압구정로데오 인근에서 캐주얼 와인 다이닝 매장을 운영하고 있는 이승석 씨(가명)는 "가로수길과 압구정로데오의 가장 큰 차이점은 2차 소비가 상대적으로 활발히 이뤄진다는 점이다. 피부과 시술을 받고 곧장 집으로 돌아가는 가로수길과 달리 압구정로데오는 커피 전문점과 편집숍, 복합 문화 공간 등 다양한 형태의 매장이 여럿 자리 잡고 있어 상권에 머무는 시간이 상대적으로 길다"고 설명했다.

시간대별로 붐비는 골목 달라

● 1시에는 도산공원, 6시엔 메인 거리

압구정로데오는 골목마다 상권 특성도 분명한 편이다. 시간대별로 사람들이 붐비는 골목이 조금씩 다를 정도다.

예를 들어 식사 시간대는 도산공원 동편과 현대아파트 동편 골목에 사람이 많다. 도산공원 동편에는 리틀넥 청담·다운타우너·도산분식·벽돌해피푸드 같은 캐주얼 다이닝이, 현대아파트 동편에는 압구정하루·닭으로가·박대박부대찌개처럼 수십 년 동안 거리를 지켜온 한식 맛집이 포진해 있기 때문이다.

식사 시간을 지나 오후 2~3시 정도가 되면 도산공원 주변 '카페 골목'에 사람이

압구정로데오 유명 카페는 평일 낮부터 웨이팅 손님이 있을 정도로 사람이 붐빈다.

압구정로데오 입구에 설치된 상징 조형물 'I Love You' 주변은 늘 유동인구가 많다.

도산 직영점', 명품과 디저트를 동시에 즐길 수 있는 '메종에르메스 도산 파크', 우영미 플래그십 스토어와 솔리드옴므 플래그십 스토어가 입점해 있는 '맨메이드 도산' 등 다양한 팝업 공간이 운집해 있다.

오후 6시가 지나면 압구정로데오 상권 유동인구의 흐름이 메인 거리 쪽으로 쏠린다. 음주를 즐기러 온 2030세대들로 거리가 가득 찬다. 300여종 전통주를 즐길 수 있는 '백곰막걸리'와 살얼음 생맥주로 유명한 '반반포차'를 기점으로, 북쪽으로는 알록달록한 네온사인으로 무장한 '달팽이포차' 골목이 '핫'하다. 달팽이포차 옆에는 압구정로데오 전통 포차인 '밀크포차', 최근 인기를 얻는 막회집 브랜드 '초장집' 등 인기 매장이 즐비하다. 캐주얼 와인 다이닝바 '목탄장' '화빙장' '와인주막차차' '우아인'도 인근에 위치해 있다.

들어차기 시작한다. 이곳에는 커피 전문점과 브런치 전문점을 비롯해 다양한 쇼핑 공간과 전시를 즐길 수 있는 복합 문화 공간이 대거 들어서 있다. 붉은 벽돌로 지은 감각적인 건물 안쪽에서 브런치와 자체 제작한 디퓨저도 판매하는 카페 '꽁티드툴레아'를 비롯해 브런치 · 베이커리 맛집으로 유명한 '웨이크앤베이크', 프리미엄 안경 브랜드 '젠틀몬스터'가 기획한 카페이자 복합 문화 공간인 '누데이크 하우스 도산' 등이 있다. 누데이크 하우스 도산은 팝업 스토어 성지로도 유명한데, 지난 7월에는 축구 선수 손흥민과 손잡고 팝업 스토어를 열었다. 매번 달라지는 매장을 구경하러 주말이면 각지에서 몰려 온 사람들로 인산인해를 이룬다. 이 밖에도 스포츠용품을 판매하는 'UFC

2010년대 쇠락으로 임대료 '뚝'

● 살아남은 전통의 강호+신진 브랜드

압구정로데오에 이처럼 다양한 매장이 들어서게 된 배경에는 '저렴한 임대료'가 자리한다. 압구정로데오를 대표하는 전

압구정로데오 거리는 지나가는 차는 물론 주정차돼 있는 차로 북적인다.

통의 강자들은 자리를 계속 유지한 상태에서, 저렴한 임대료를 노린 새로운 브랜드의 입점이 늘어나면서 다양한 포트폴리오를 갖추게 됐다는 분석이다.

1990년대 후반 이후 '오렌지족'과 '패션피플'의 성지로 군림하던 압구정로데오는 2000년대 중반 들어 쇠락의 길을 걷기 시작했다. 너무 비싼 임대료를 감당하지 못하고 기존에 있던 가게들이 속속 빠져나갔다. 인근에 '가로수길'이라는 새로운 상권이 등장한 것도 압구정로데오 쇠퇴를 불러왔다. 한류 열풍과 의료 관광으로 중국인 관광객이 가로수길로 몰려들면서 트렌디한 매장과 인기 프랜차이즈 업체가 압구정로데오를 떠나 가로수길에

대거 입점하기 시작했다.

위기는 누군가에게는 기회가 됐다. 임대료가 뚝뚝 떨어지고 반대로 인근 가로수길 임대료가 천정부지로 치솟으면서 거꾸로 개성 있는 가게들이 압구정로데오에 앞다퉈 입점하기 시작했다. 10년 전과는 꼭 반대의 상황이 연출된 것. 2017년 압구정로데오에 현지식 태국 음식 전문점 '까폼'을 개장한 이현종 대표는 "창업 당시 압구정로데오는 '한물 간 상권'이라는 인식 덕분에 임대료가 많이 쌌다. 저렴하게 나온 자리가 있어 선택하게 됐다. 당시 권리금이 1000만원이었는데 600만원까지 낮춰 들어갔다. 현재는 임대료가 많이 올라 권리금이 기본 1억원인 상가

압구정로데오에는 복합 문화 공간도 많다. 사진은 축구 선수 손흥민과 손잡고 팝업 스토어를 선보인 '누데이크 하우스 도산'. ⓒ하우스도산

가 수두룩하다"고 회상했다.

지난 2년간 코로나 팬데믹도 임대료 하락을 부추겼다. 코로나에도 불구하고 높은 임대료를 고수하던 가로수길이나 강남대로, 청담, 신사역, 테헤란로 상권과 달리 압구정로데오 상권 건물주들은 임대료를 대폭 낮췄다. 압구정로데오 인근 A공인중개사사무소 대표는 "2019년까지 상권이 조금씩 살아나던 찰나 코로나 팬데믹으로 거래량이 급감했다. 위기감을 느낀 건물주들이 임대료를 낮추면서 공실마다 카페나 식당이 많이 입점하기 시작했다"고 설명했다.

압구정로데오 상권 부활에는 '인기 매장' 도 한몫했다. 인기 있는 브랜드들이 대거 입점하면서 유동인구 유입이 늘어났고, 트렌디한 매장이 다시 입점하는 '선순환' 이 이뤄지고 있다.

가장 대표적인 업체가 '카페 노티드'를 운영하는 F&B 기업 'GFFG'다. GFFG는 2022년 12월 기준 운영 중인 10개 브랜드 매장이 모두 압구정로데오에 집결해 있다. 전국구 도넛 브랜드로 거듭난 '카페 노티드'를 비롯해 카페 노티드 매장 옆에 늘 단짝처럼 붙어 있는 수제버거 전문점 '다운타우너', 압구정로데오 퓨전

압구정로데오 상권에 '힙'한 가게들이 대거 몰려들고 있다. '카페 노티드'를 운영하는 GFFG는 압구정로데오에 만 9개 브랜드 매장을 운영 중이다. ⓒGFFG

한식 맛집으로 유명한 '호족반', 미국 가 정식 레스토랑 '리틀넥', 뉴트로 스타일 의 뉴욕 피자를 표방하는 '클랩피자', 아 메리칸 차이니즈를 내세우는 퓨전 중국 집 '웍셔너리', 디저트 카페 '미뉴트 빠삐 용' 등이다. 2022년만 4개 브랜드 매장을 압구정로데오에 추가로 열었다. "압구정 로데오에 'GFFG 유니버스'가 조성되고 있다"는 우스갯소리가 나올 정도다.

김기동 GFFG 최고운영책임자는 "이준

범 GFFG 대표를 비롯해 본사 직원들이 수시로 방문해 매장 개선 사항을 점검해 야 하다 보니 매장이 압구정로데오 한곳 에 몰려 있으면 좋겠다는 판단을 했다" 며 "매장이 몰려 있는 덕분에 마케팅도 효율적으로 진행할 수 있다. 얼마 전 팝 아티스트인 임지선 작가와 협업을 통해 GFFG 매장임을 알리는 '대형 곰돌이 풍 선'을 놓는 프로젝트를 진행했는데 반응 이 아주 뜨거웠다"고 말했다.

최근 3개월 '식신' 검색량 증가 음식점 순위는

순위	매장명	주요 메뉴
1	런던 베이글 도산점	베이커리
2	까폼	태국 길거리 음식
3	꽁티드툴레아	브런치
4	메종 드 라 카테고리	프렌치, 디저트(빙수)
5	테라스룸	브런치
6	호족반	퓨전 한식
7	뉴만두집	만둣국, 빈대떡
8	카페 노티드 청담	도넛, 케이크
9	선데이버거클럽	수제버거
10	벽돌해피푸드 압구정점	아메리칸 차이니즈

※ 7월 26일 기준   자료 : 식신

또 다른 F&B 기업인 'CNP컴퍼니'도 비슷하다. '아우어베이커리 도산본점'을 비롯해 어묵튀김 떡볶이와 돈가스샌드로 유명한 '도산분식', 후토마끼 맛집으로 소문난 일식당 '대막' 등을 압구정로데오에 연달아 오픈하면서 시너지 효과를 노리고 있다.

이 밖에도 태국 현지 그대로의 맛을 살린 '까폼', 돈가스 맛집 '카츠바이콘반', 홍콩 길거리를 그대로 옮겨놓은 듯한 외관의 중식당 '벽돌해피푸드', 미국 내슈빌 지역 소울 푸드로 유명한 '매운 치킨 버거'를 재현한 '롸카두들 내쉬빌 핫치킨' 등

이국적 콘셉트를 살린 음식점이 잇달아 들어서면서 상권이 다채로워졌다.

압구정로데오에서만 pp라운지 · 반반포차 · 피플더테라스 · 케이브 199 등 4개 매장을 운영 중인 차승원 피플더테라스 대표는 "가로수길 침체로 압구정로데오 유입인구가 증가했고, 유명 브랜드 입점이 점차 늘어나면서 시너지가 확대됐다. MZ세대의 탄탄한 수요 덕분에 안정적인 매출을 거둘 수 있는 상권"이라고 설명했다.

압구정로데오 향후 전망은

• 다시 뛴 임대료, 좁은 상권은 리스크

압구정로데오가 2022년 가장 '핫'한 상권 중 하나였다는 사실은 분명하다. 중요한 것은 좋은 분위기가 앞으로도 계속될 수 있을지다.

다시 뛴 임대료가 가장 큰 리스크다. 지역 상인은 물론 부동산 관계자까지 이구동성으로 "압구정로데오 임대료가 예전보다 말도 못하게 올랐다"고 말한다. 과거 2000년대 압구정로데오가 쇠락한 원인이 '높은 임대료'였던 만큼, 또다시 원주민이 몰려날 수 있다는 위기의식이 커지고 있다.

사회적 거리두기 해제 이후 다시 뛴 임대료는 압구정로데오 상권의 가장 큰 리스크 중 하나다.

익명을 요청한 압구정로데오 내 외식 업체 대표는 "압구정로데오 상권에 막대한 자본을 투입한 '퀄리티' 좋은 매장들이 대거 들어서면서 최근 임대료와 권리금 경쟁도 과열 양상을 띤다. 마치 '힙'한 매장들 사이에 전쟁이라도 일어나고 있는 느낌"이라며 "어쭙잖은 생각과 애매한 자본 규모로 압구정로데오 상권에 뛰어들면 낭패를 볼 것"이라고 말했다.

상권 확장성이 떨어진다는 한계도 뚜렷하다. 압구정로데오 상권은 서편으로 가로수길, 동편으로는 청담동 거리와 맞닿아 있다. 모두 높은 임대료로 유명한 상권이다. 비싼 상권으로 사방이 가로막혀 있는 형국. 압구정로데오 열기가 인근 상권으로 확장되는 데 제한적인 입지인 셈

이다. B공인중개사사무소 대표는 "도산공원 남측 상가 몇몇을 제외하고는 공실이 거의 없다. 운영 중인 가게를 더 비싼 권리금을 받고 되파는 '손바뀜'은 어느 정도 있는 편이지만 장기적으로 보면 한계가 있다"며 상권 확장성에 대한 아쉬움을 내비쳤다.

하지만 과거처럼 상권이 단기간에 쇠퇴하지는 않을 것이라는 게 업계 관계자 중론이다. C공인중개사사무소 대표는 "2000년대와 달리 압구정로데오에는 즐길 거리가 풍성해졌다. 신세계푸드에서 2022년 7월 선보인 대체육 정육점 '더 베러'를 비롯해 아디다스 팝업 스토어, 시몬스 팝업 스토어 같은 체험형 매장도 늘었다. 현재 인기가 거품이나 과열이라고 보기 어렵다"고 진단했다.

압구정로데오 상권은 서편으로 가로수길, 동편으로는 청담동 거리와 맞닿아 있다. 모두 높은 임대료로 유명한 상권이다.

4050세대 "우리한테는 여기가 바로 홍대"
'종로3가'

1·3·5호선 트리플 역세권 '전통의 메인 상권'
종로3가역 6번 출구 거리 들어서면 색다른 풍경

2022년 8월 24일 수요일 저녁 7시. 종로 익선동 골목은 앞으로 한 발짝 나아가기가 힘들 정도로 사람들로 가득 찼다. 좁디좁은 골목길 사이로 빼곡히 자리 잡은 한옥식 매장들. 그 앞에는 평일 저녁임에도 불구하고 입장을 기다리는 웨이팅 인파로 발 디딜 틈이 없다. 음식점 앞에 설치된 웨이팅 키오스크 화면에 '현재 대기팀 20팀'이라고 찍힌 매장이 수두룩하다.

미로같이 얽혀 있는 익선동 골목을 겨우 비집고 나와 종로3가역 6번 출구 거리에 들어서면 색다른 광경이 펼쳐진다. 차도 양옆으로 넓게 자리를 잡은 수십 개 포장마차가 차려놓은 야외 테이블에는 저마다 소주병과 안줏거리를 올려놓고 이야기꽃을 피우고 있는 이들로 가득하다. 포장마차마다 걸려 있는 전등이 마치 동해안 오징어잡이 배처럼 어두운 밤거리를 환하게 밝힌다.

종로3가역 상권은 역사와 전통을 자랑하는 서울의 '메인 상권' 중 하나다. 지하철 1·3·5호선이 교차하는 '트리플 역세권'인 데다 여러 대기업 그룹 본사와 귀금속 거리가 위치해 있어 전국에서 유동인구가 가장 많은 상권으로 꼽힌다. 대한민국 최초 영화관인 '단성사', 악기의 수도로 불리는 '낙원상가' 등 상징적인 건물도 많다.

하지만 종로3가 상권도 코로나 팬데믹에 맥없이 주저앉고 말았다. 코로나 고위험군인 고령층 소비인구가 많은 것이 상권 몰락에 큰 영향을 끼쳤다. 나이스지니데이타에 따르면 2019년 4~5월 765억원에 달하던 종로3가 매출은 1년 뒤인 2020년 같은 기간 611억원까지 떨어졌다.

사회적 거리두기 해제 이후, 종로3가는 다시금 부활에 성공했다. 2022년 4~5월

종로3가 상권, 어떻게 나뉘나. ⓒ 매경이코노미

거리두기 해제 이후 매출 증가 상권 '톱10'

순위	지역	증가액	점포 수 증감
1	가로수길	572억2000만원	67개
2	홍대입구역	552억2000만원	179개
3	압구정로데오	297억원	41개
4	논현역	275억2000만원	29개
5	종로3가역	261억6000만원	98개
6	교대역	243억3000만원	33개
7	역삼역	241억6000만원	15개
8	여의도역	229억7000만원	34개
9	잠실새내역	218억5000만원	38개
10	신림역	177억3000만원	99개

※ 올해 4~5월 기준(전년 동기 대비)   자료 : 나이스지니데이타

매출은 835억원으로 코로나 이전 수준을 뛰어넘었다. 익선동 · 서순라길처럼 20대 소비자에게 '핫'한 상권은 물론 중장년층 소비자가 많은 '먹거리 골목'과 '포장마차 거리'까지 인파가 몰려들면서 예전의 명성을 회복했다. 공실 문제가 여전한 '메인 도로'를 제외하고는 상권 전반이 활기를 되찾은 모습이다.

중장년 남성이 주도하는 상권

● 주점·호프·귀금속 매출 급증

종로3가는 2022년 4~5월 매출이 전년 대비 가장 많이 늘어난 서울 상권 5위다. 가로수길, 홍대입구, 압구정로데오, 논현역 다음이다. 강북으로 한정하면 홍대입구에 이어 2위다. 상위 10위권 중 강북에 위치한 상권은 홍대입구와 종로3가가 '유이'하다. 해당 기간 전년 대비 매출 증가액은 261억6000만원. 같은 기간 매장은 98개 늘어나며 빠르게 공실을 메우고 있다.

해당 상권의 활성화 정도를 가장 잘 보여주는 지표인 '외식업 매출'이 크게 늘었다. 2022년 4~5월 종로3가 '한식 · 백반' 매출은 전년 동기 대비 35억4000만원 늘어났다. 모든 업종 중에서 가장 큰 증가

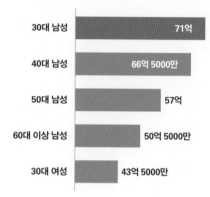

중장년 남성 소비 활발한 종로3가

단위: 원

30대 남성	71억
40대 남성	66억 5000만
50대 남성	57억
60대 이상 남성	50억 5000만
30대 여성	43억 5000만

※ 올해 상반기 기준

자료 : 나이스지니데이타

폭이다. 5월 기준 종로3가 한식 · 백반 음식점 수는 184개. 각 매장당 월매출이 지난해보다 1000만원씩 가까이 늘어났다는 계산이 나온다. 연매출로 따지면 증가폭이 1억원이 훌쩍 넘는다.

단란주점(2위)과 유흥주점(4위) 매출 증가세도 가파르다. 매장당 매출 증가로 따지면 음식점을 훌쩍 뛰어넘는다. 단란주점은 매장당 월매출이 전년 대비 3400만원, 유흥주점은 무려 4300만원씩 늘어난 것으로 조사됐다.

이 밖에 호프 · 맥주(5위), 갈비 · 삼겹살(7위), 커피 전문점(8위), 족발 · 보쌈(12위) 등 매출 증가 상위 업종 대부분 외식

귀금속 투자 수요와 미뤄둔 결혼 수요가 폭발하면서 귀금속 거리도 활기를 띤다.

업이 포진해 있다. 피부과 · 성형외과 등 의료 서비스 매출이 전체 상권 매출 증가를 견인했던 '가로수길'이나 '논현역' 상권과는 전혀 다른 양상이다. 오히려 2030 세대가 주로 찾는 먹거리 상권인 홍대입구 상권과 비슷한 분위기를 보여준다.

홍대입구와 종로3가 상권의 가장 큰 차이점은 바로 소비자 연령대다. 20대 소비 비중이 전체 연령대에서 가장 높았던 홍대입구와 달리 종로3가는 30대 이상 비중이 높다. 구체적으로는 30대(26.2%)가

1위고 뒤를 이어 40대(23%), 50대(21%), 60대 이상(17%) 소비 비중이 높다. 종로 3가역 인근에서 막걸리 주점을 운영하는 한순자 씨(가명)는 "종로3가는 4050세대에게 있어서는 홍대와 같은 역할을 하는 상권이다. 술자리를 즐기고 싶은 중년 직장인들은 모임 장소로 홍대나 이태원이 아닌 종로를 1순위로 삼는다. 20대 고객이 없는 것은 아니지만 중장년 비중이 상대적으로 훨씬 크다"고 설명했다.

대한민국 소비 트렌드를 이끈다는 평가

종로3가 포차 거리는 밤마다 술자리를 즐기려는 직장인들로 붐빈다.

를 받는 '20대 여성' 매출이 팬데믹 기간을 거치며 줄어들었다는 점은 특이할 만하다. 2021년 상반기 기준 34억7000만원이었던 20대 여성 소비는 2022년 30억4000만원까지 4억원 이상 떨어졌다.

반면 3040 남성 소비가 크게 늘었다. 같은 기간 30대 남성 매출은 51억7000만원에서 71억원으로, 40대 남성은 46억8000만원에서 66억5000만원까지 수직 상승

했다. 50대 남성도 38억7000만원에서 57억원까지 늘어났다. 중장년 남성이 상권 매출을 주도하고 있는 모습이다. 김도훈 나이스지니데이타 연구원은 "2022년 종로3가 상권 매출액은 40대 남성, 30대 남성, 50대 남성, 60대 이상 남성 순으로 많이 늘어났다. 단란주점, 유흥주점을 비롯해 귀금속 상가, 악기 상가 등 중장년 남성이 주로 찾는 업종이 다수 포진한 결과

다. 특히 귀금속이나 악기는 실제 소비자가 여성이더라도 남성 카드로 결제하는 경우가 많아 더 그렇다"고 말했다.

금·시계를 비롯한 '귀금속' 매출이 크게 늘어난 것도 눈길을 끈다. 전년 대비 4~5월 매출이 31억원 가까이 증가했다. 모든 업종 중 3위에 해당하는 증가폭이다. 코로나 팬데믹 기간 동안 미뤄놨던 결혼 수요가 급증한 데다 안전자산인 금 투자가 크게 늘어난 덕분이라고 해석할 수 있다. 남경주 서울주얼리지원센터 팀장은 "최근에는 액세서리를 비롯한 귀금속을 결혼이나 기념일 같은 이벤트가 아니라 투자 성격으로 사놓는 이들이 예전보다 늘었다. 도매상은 물론 소규모 액세서리 공방 매출도 증가했다"고 설명했다.

데이트 명소 '익선동' '서순라길'

● 코로나도 꺾지 못한 권리금·임대료

소상공인진흥공단은 '종로3가역 상권'을 크게 3지역으로 구분해놨다. 먼저 종로3가 지하철 5호선역 출입구 북측으로 위치한 '익선동', 익선동과 동묘 돌담 사이에 형성된 '서순라길과 귀금속 거리', 그리고 지하철 1호선역 남측에 자리 잡은 '먹거리 골목'이다.

익선동과 서순라길은 2030세대가 주로 찾는 '핫플레이스'로 떠오른 지 오래다. 2015년만 해도 낙후된 도심 내 흔한 거리였던 익선동은 2016년부터 달라지기 시작했다. 익선동 변화를 언급하면서 '글로우서울'을 빼놓기 힘들다. 아직 익선동

서순라길은 종묘 서쪽 담장을 따라 아래로는 종로 귀금속 거리에서부터 위로는 창경궁까지 이어지는 길이다.

종로3가 매출, 어떤 업종이 많이 늘었나

순위	업종	증가액	점포 수 증감
1위	한식·백반	35억4000만원	13개
2위	단란주점	34억원	12개
3위	귀금속	30억9000만원	22개
4위	유흥주점	16억4000만원	4개
5위	호프·맥주	16억1000만원	0개
6위	악기	12억6000만원	6개
7위	갈비·삼겹살	11억원	0개
8위	커피 전문점	10억1000만원	5개
9위	편의점	9000만원	1개
10위	약국	8000만원	1개

※ 올해 4~5월 기준(전년 동기 대비)　　　　자료 : 나이스지니데이타

상권이 채 형성되기 전 문을 연 식당 '글로우키친'을 시작으로 태국 현지 분위기를 그대로 재현한 '살라댕방콕'(현 치앙마이방콕), 대나무길과 졸졸 흐르는 시냇물로 인기를 끈 '청수당', 일본 료칸을 옮겨놓은 듯한 '온천집' 등 다양한 매장을 연달아 히트시켰다. 뒤를 이어 특색 있는 '호텔세느장' '르블란서' '익선반주' '익선디미방' 등 특색 있는 가게들이 대거 들어서며 수년째 강북 지역 데이트 명소로 군림하고 있다. 종로3가역 인근에 위치한 A공인중개사사무소 대표는 "익선동은 코로나 팬데믹이 한창이던 지난해도 권리금 1억~2억원 수준을 유지해왔다. 높은 권리금과 임대료에도 불구하고 손바뀜이 여전히 많을 정도로 창업자 관심이 높은 지역"이라고 설명했다.

'서순라길'은 비교적 오래되지 않은 2019년 무렵부터 주목받기 시작한 상권이다. 서순라길은 종묘 서쪽 담장을 따라 아래로는 종로 귀금속 거리에서부터 위로는 창경궁까지 이어지는 길이다. 한쪽으로는 종묘의 고즈넉한 돌담이 펼쳐져 있고, 다른 한쪽에는 이색적인 가게들이 옹기종기 자리 잡았다. 익선동과 달리 널찍한 거리가 800m 가까이 일자로 곧게 뻗어 있어 시야가 확 트여 있다.

서순라길은 과거에는 그저 '산책 명소' 정도로 알려져 있었다. 인근에서 근무하는 주얼리업계 종사자나 우연히 발길이 닿은 이들이 대부분이었다. 하지만 최근에는 분위기가 바뀌었다. 익선동에서 빠져나와 서순라길 매력에 매료된 창업가들이 아기자기한 카페와 식당, 공방 등 새 가게를 열기 시작하면서 상권이 활성화됐다.

2019년 서순라길에 내추럴 와인바 '이다'를 개업한 정형우 대표는 "복잡한 서울 도심에서 이 정도로 고요하고 예쁘게 뻗어 있는 돌담길을 찾는 것은 쉽지 않다.

종로3가는 사회적 거리두기 해제 직후 주점, 유흥주점, 호프, 맥주 등 주류 관련 매출이 급증했다.

익선동에서 장사를 하다 서순라길 매력에 푹 빠져 아예 여기서 장사를 해보자는 생각이 들어 매장을 열었다. 데이트를 즐기는 20대는 물론 30대 직장인도 많이 찾는다"고 말했다.

2018년 서순라길 골목에 레스토랑 '살롱순라'를 개업한 박영록 대표는 "사회적 거리두기 해제 이후 코로나 이전 수준으로 매출이 올라왔다. 최근 창경궁과 종묘를 잇는 연결 통로인 '복원길'이 90년 만에 개방되는 등 관광객이 늘어나면서 유동인구도 더 늘었다"고 설명했다.

역사와 전통의 '먹거리 골목'

● 을지로 인접…40대 직장인의 '힘'

익선동과 서순라길이 종로3가의 새로운 '핫플레이스'라면, '먹거리 골목' 일대는 예부터 종로3가 일대를 대표해온 지역이다. 청계천과 탑골공원 사이에 자리잡은 상권이다. 사회적 거리두기 여파로 매출이 주춤했던 먹거리 골목 일대는 포스트 코로나 시대에 다시 되살아나는 조짐을 보인다. 소상공인 상권분석시스템에 따르면 먹거리 골목이 위치한 관수동

종로3가 포장마차 거리에는 다른 상권 대비 40대 직장인 수요가 높다.

일대 2022년 6월 한식 업종 평균 매출은 4023만원으로 지난해 6월(2515만원) 대비 60% 가까이 올랐다. 코로나19 유행으로 감소했던 매출을 1년 만에 회복했다. 익선동과 서순라길 일대가 '2030세대'로 붐빈다면, 먹거리 골목 일대 매출을 책임지는 연령층은 '40대 직장인 남성'이다. 관수동 일대 매출 데이터를 분석한 결과 일대 점포 매출의 74.9%는 남성이 책임졌다. 연령대로 분석하면 40대가 29.2%로 매출 비중이 가장 높다.

유독 40대 직장인이 몰리는 이유는 뭘까.

먹거리 골목의 위치 특성에 기인한다. 관수동은 국내 최대 업무지구 중 한 곳인 을지로와 인접해 있다. 청계천 건너 을지로동에는 미래에셋, 한화, SK 등 굴지의 대기업 본사가 즐비하다. 여기에 더해 '직장인 자기계발 수요'도 많다. 주변에 YBM과 파고다 어학원 등 영어 학원이 곳곳에 자리 잡고 있다. 근처 회사에서 퇴근한 직장인이나 영어 공부를 마친 성인들이 '한잔 가볍게' 하고 가기 좋은 곳이라는 의미다. 사회적 거리두기 해제 이후 재택근무가 종료되고 학원 수강 수요도 늘면서 먹거리 골목 분위기도 자연스럽게 다시 살아났다.

실제로 관수동 일대 음식점업(한식업 기준) 매출은 주중 평균 691만원(71%)으로 높게 나타난다. 금요일이 791만원(19.7%)으로 가장 높고, 일요일이 148만원(3.7%)으로 가장 낮다. 시간대별로는 오후 5시부터 9시가 평균 1726만원(42.9%)으로 높은 비중을 차지한다. 익선동·서순라길과 달리 직장인과 근로자 중심으로 소비가 주로 이뤄지는 오피스 상권이다.

종로3가 먹거리 골목 맞은편의 '숙박업' 상권도 부활의 기미를 띤다. 사회적 거리두기가 풀리면서 유동인구가 폭발적으로 늘어난 덕분이다. 숙박업 상권의 올해 6월 평균 매출은 2397만원으로 2021년 6월(1223만원) 대비 2배 가까이 증가했다. 상가별 권리금도 상당히 높다. 먹거리 골목 일대에 자리 잡은 건물 1층 상가의 경우 평균 권리금이 1억~2억원대로 익선동과 다를 바 없다. 서울 최상위 상권 중 하나로 꼽히는 홍대입구 지역과 비슷한 수준이다. 높은 권리금과 임대료에도 불구하고 공실률은 낮다. 종로3가 인근 B 공인중개사사무소 관계자는 "먹거리 골목 일대는 간간히 빈 점포가 나오기는 하지만, 인근 종각역 상권처럼 대규모 공실

최근 3개월 종로3가 '식신' 검색량 증가 음식점 순위는

순위	매장명	주요 메뉴
1위	온천집	1인 샤브샤브
2위	청수당	카페
3위	르블란서	프랑스 가정식
4위	송암여관	한옥 식당
5위	익선반주	퓨전 한식 주점
6위	익선디미방	퓨전 서양식
7위	살롱순라	한옥 레스토랑·와인
8위	살라댕방콕 (현 치앙마이방콕)	태국 요리
9위	이층양옥	이탈리안
10위	미갈매기살	야외에서 먹는 갈매기살

※8월 23일 기준   자료 : 식신

을 찾아보기 힘든 편"이라고 분위기를 전했다.

종로3가 상권, 향후 전망은

● 청와대 반사 효과…개발 제한은 '한계'

종로3가 상권은 현재 좋은 분위기를 이어갈 수 있을까. 긍정적인 의견과 부정적인 의견이 팽팽히 맞선다.

앞으로 유동인구가 늘어날 요인이 많다.

익선동 상권은 젊은이들이 몰려드는 '트렌디'한 상권이 된 지 오래다. 코로나19 유행과 무관하게 손님이 몰린다.

청와대 개방으로 인근에 위치한 안국역 상권 유입 인구가 크게 늘었고 창경궁-종묘 '복원길' 개방으로 관광객도 점점 늘어나는 분위기다. 오세훈 서울시장이 밀어붙이는 '세운상가' 재개발도 호재다. 메인 도로 공실 문제는 리스크다. 익선동·서순라길과 달리 신규 입점이 거의 없는 메인 도로는 상승 동력을 상실한 모습이다. 과거 종로를 대표하던 상권인 '종각 상권' 몰락의 전철을 밟을 수 있다

는 의견이 나온다. 종각역은 높은 임차료를 감당하지 못한 점포가 속속 빠져나가면서 공실률이 급격히 치솟은 바 있다. 실제 종로3가역 바로 옆에 위치한 종각역 인근 점포는 연달아 문을 닫는 모습이다. 십수 년 터를 지켜온 대형 프랜차이즈 매장들도 손을 써보지 못하고 떠났다. 2021년 맥도날드에 이어 2022년 1월 KFC가 철수했고 나이키, 뱅뱅 등 패션 브랜드도 짐을 꾸렸다. 종각역을 나와 젊

종로3가 상권이 부활의 기지개를 켜는 데 반해, 과거 종로 상권의 '대장' 격으로 불린 종각 상권은 명성을 잃어가고 있다.

음의 거리 초입에 있는 빠이롯트 빌딩을 비롯해 공실이 없는 건물을 찾아보기 힘들 정도다.

원인은 살인적인 임대료다. 한국부동산원에 따르면 2022년 1분기 종각역을 위시한 종로 상권의 *m²*당 임대료(1층 기준)는 7만8700원이었다. 이는 인근 을지로(4만3000원)는 물론 서울서 가장 땅값이 비싸다는 강남 지역 평균(5만6900원)보다도 높은 수준이다. 종각 옆에 위치한

종로3가 상권도 이 같은 일이 벌어지지 않으리라는 보장이 없다.

"종각을 비롯해 종로 상권 일대에 재정비가 필요하다. 낡은 상권이라는 이미지가 워낙 강하고 실제로 건물도 낡은 탓에 젊은 세대 등 새로운 소비인구 유입을 막고 있다. 개발을 통해 특색과 개성을 갖춘 상권으로 재탄생시키지 못한다면 종로3가도 침체할 수 있다." 권강수 상가의신 대표 분석이다.

회식 수요 '폭발'…호프·주점 매출 '껑충'
'여의도'

"여의도에서는 소금국을 팔아도 장사가 된다"
'더현대 서울' 낙수 효과… '전국구 상권' 도약

지난 2022년 9월 28일 오후 12시 여의도역. 한 시간 전만 해도 한산했던 거리는, 건물에서 쏟아져 나온 직장인들로 금세 북적인다. 발걸음이 향하는 곳은 다양하다. 더현대 서울, IFC몰 등 전국구 맛집이 포진한 대형 쇼핑몰은 물론, 수십 년 동안 여의도 직장인의 점심을 책임져온 상가 건물 지하 식당가까지. 여의도역 일대는 삽시간에 거대한 외식 상권으로 변모한다. 여의도에서 12년째 음식 장사를 해온 이민정 씨(가명)는 "여의도 오피스 빌딩에 근무하는 직장인 대부분은 점심시간 구내식당을 찾기보다 여의도 곳곳에 자리 잡은 맛집 탐방에 나선다.

여의도는 명실상부한 국내 정치, 금융의 허브다. 국회의사당을 비롯한 주요 정당 당사가 위치해 있고, 굴지의 증권사들이 몰려 있다. 상권 규모도 상당하다.

사장님들 사이에서는 '여의도에서는 소금국을 팔아도 장사가 된다'는 우스갯소리가 있을 정도로 점심시간 수요가 폭발한다. 재택근무로 전환한 코로나 팬데믹 때는 힘들었지만 지금은 예전 매출을 다 회복했다"고 말했다.

여의도역에서 서쪽으로 발길을 돌려 9호선 국회의사당역으로 향하면 '국회의사당'이 모습을 드러낸다. 국회를 등지고 한강으로 걸어가면 여의도 노포의 대표주자로 손꼽히는 '정인면옥'이 등장한다. 정당 관계자부터 산업은행 직원, 그리고 동여의도에서 건너온 금융가 관계자들까지 냉면집은 손님으로 붐빈다. 정인면옥에서 의사당대로 일대로 이동하면 한국 양대 정당인 국민의힘과 더불어민주당 당사가 나온다. 골목 식당 곳곳은 국회의원을 비롯해 점심을 먹는 정·관계 관계

여의도 IFC몰과 더현대 서울 인근 골목에는 점심, 저녁을 먹으려는 인파로 항상 붐빈다.

자로 가득 들어찬다. 근처에서 식당을 운영하는 엄기훈 씨(가명)는 "여의도공원 서쪽은 쇼핑몰이 즐비한 동쪽과 달리 대형 상가가 없다. 대신 국책 금융기관에서 일하는 종사자부터, 정치 관계자들이 '애용'하는 가게가 골목 곳곳에 퍼져 있다. 가게 하나하나의 매력은 오히려 동여의도보다 서쪽이 더 높다"고 말했다.

대한민국 정치·금융의 허브 '여의도' 상권 역시 팬데믹 기간을 거치며 전반적으로 침체하는 양상을 보였다. 상권을 책임지던 직장인들이 재택근무에 돌입하면서 인구 자체가 확 줄어든 탓이다. 사회적 거리두기 해제 이후에는 달라졌다. 직장인이 모두 컴백한 데 이어 현대백화점의 야심작 '더현대 서울'이 화제몰이를 하며 단숨에 전국구 상권으로 올라섰다. 나이스지니데이타에 따르면 여의도역 상권 매출은 사회적 거리두기 해제 이후인 올해 4~5월, 전년 대비 230억원 급증했다.

가로수길 · 홍대입구 · 압구정로데오 · 논현 · 종로3가 · 교대 · 역삼에 이어 서울에서는 7번째로 큰 오름폭이다.

한국을 대표하는 '오피스 상권'

● 직장인구 튼튼…19년보다 매출 UP

여의도역 상권은 강남 · 역삼 · 선릉 등과 함께 대한민국을 대표하는 '오피스 상권'이다. 강북에서는 단연 최대 규모 오피스 상권이다. 국회의사당, 한국거래소(KRX), 한국방송공사(KBS), KDB산업은행, 금융투자협회 등 주요 공공기관은 물론 내로라하는 증권 · 금융사가 모두 모여 있는 덕분이다.

뛰어난 접근성은 여의도역 상권의 가장 큰 장점 중 하나다. 1996년 지하철 5호선 여의도역이 생기고, 2009년 지하철 9호선 확장 개통으로 환승역이 되면서 상권이 더욱 급성장했다. 소상공인진흥공단에 따르면 2022년 2분기 여의도역 주변 직장인구는 약 6만9300명. 1헥타르당 직장인구는 1122명으로 서울시 평균(79명)보다 15배 가까이 많다. 전형적인 오피스 상권이라는 의미다.

풍부한 배후인구에 힘입어 여의도 상권은 여타 주요 상권 대비 코로나 팬데믹

거리두기 해제 이후 매출 증가 상권 '톱10'

순위	지역	증가액	점포 수 증감
1위	가로수길	572억2000만원	67개
2위	홍대입구역	552억2000만원	179개
3위	압구정로데오	297억원	41개
4위	논현역	275억2000만원	29개
5위	종로3가역	261억6000만원	98개
6위	교대역	243억3000만원	33개
7위	역삼역	241억6000만원	15개
8위	**여의도역**	229억7000만원	34개
9위	잠실새내역	218억5000만원	38개
10위	신림역	177억3000만원	99개

※ 올해 4~5월 기준(전년 동기 대비)　　　　　　자료 : 나이스지니데이타

충격을 상대적으로 덜 받았다. 2019년 4분기 월평균 매출이 495억원에서 2020년 435억원으로 쪼그라들었지만 2021년에는 535억원을 기록하며 코로나 이전보다 오히려 늘어났다. 사회적 거리두기 해제 이후에는 더욱 드라마틱한 성장세를 보이는 중이다. 2022년 2분기 월평균 매출은 620억원, 2022년 7월에는 631억원을 기록하며 꾸준한 오름세를 나타내고 있다.

코로나 팬데믹 충격이 크지 않았음에도 불구하고 매출 증가폭 상권 순위 7위를

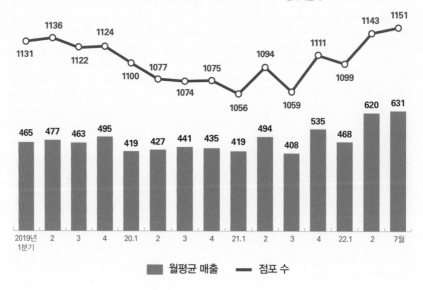

2019~2022년 여의도 상권 매출 추이 단위:억원, 개

	2019년 1분기	2	3	4	20.1	2	3	4	21.1	2	3	4	22.1	2	7월
점포 수	1131	1136	1122	1124	1100	1077	1074	1075	1056	1094	1059	1111	1099	1143	1151
월평균 매출	465	477	463	495	419	427	441	435	419	494	408	535	468	620	631

■ 월평균 매출 — 점포 수

※ 매 분기 월평균 기준   자료 : 나이스지니데이타

기록했다는 점은, 거리두기 해제 이후 반짝 매출이 오르는 기저 효과가 아닌 실질적인 성장을 의미한다. 더욱이 이번 집계에는 '더현대 서울'에 입점한 가맹점 매출은 반영되지 않았다. 2021년 더현대 서울이 올린 연매출이 8000억원이라는 점을 감안하면 여의도 상권이 전년 대비 매출이 가장 많이 오른 상권 1위라고 봐도 무방하다. 주시태 나이스지니데이터 팀장은 "여의도 상권은 전형적인 오피스 상권으로, 코로나 기간에도 타 상권에 비

해 매출이나 점포 수 감소폭이 10% 미만으로 크지 않았다. 2021년부터 상대적으로 이른 회복·반등을 시작해 거리두기 해제 이후에는 큰 폭으로 성장하고 있다. 매출과 점포가 동반 증가하는 전형적인 '성장기' 상권의 양상"이라고 설명했다.

매출 성장을 견인한 것은 역시 '외식'이다. 전년 대비 매출이 가장 큰 폭으로 오른 업종은 '한식·백반(38억원)'이다. 가맹점 수는 181개로 전년과 동일함에도 불구하고 매출이 크게 뛰었다. 1년 만

에 한식 매장 1개당 월매출이 1000만원씩 늘었다는 계산이 나온다. 외식 중에서도 특히 '회식 수요'가 늘어났다는 짐작이 가능하다. 호프·맥주(3위, 15억4000만원), 유흥주점(4위, 13억3000만원), 갈비·삼겹살(5위, 12억8000만원), 단란주점(6위, 11억6000만원), 일식(10위, 7억9000만원) 등 매출 증가 상위권에 회식과 관련된 업종이 대거 포진했다.

여타 상권과 마찬가지로 '의료 서비스'도 힘을 보탰다. 일반 병원 매출이 22억3000만원, 내과가 9억6000만원, 약국이 8억2000만원 각각 올랐다.

여의도역 매출, 어떤 업종이 많이 늘었나

순위	업종	증가액	점포 수 증감
1위	한식·백반	38억원	0개
2위	일반 병원	22억3000만원	1개
3위	호프·맥주	15억4000만원	0개
4위	유흥주점	13억3000만원	10개
5위	갈비·삼겹살	12억8000만원	0개
6위	단란주점	11억6000만원	7개
7위	내과	9억6000만원	1개
8위	안경점	8억6000만원	-1개
9위	약국	8억2000만원	4개
10위	일식	7억9000만원	0개

※ 올해 4~5월 기준(전년 동기 대비)　　　자료 : 나이스지니데이터

금융의 메카 '동여의도'

● 더현대 서울로 전국구 상권

여의도역 상권은 크게 2개로 나뉜다. 지하철 5·9호선 여의도역을 중심으로 한 '동여의도', 그리고 지하철 9호선 국회의사당역 인근인 '서여의도'다.

동여의도는 대형 상가 건물을 중심으로 상권이 형성돼 있다. 대형 쇼핑몰이나 빌딩 안에 음식점을 비롯해 커피 전문점, 패션·잡화, 소매점 등이 자리 잡은 형태다. 상가 건물은 물론 증권가나 은행권 건물 역시 매장을 품고 있는 경우가 많다.

여의도 유명 맛집을 살펴봐도 더현대 서울과 IFC몰을 비롯해 콘래드 서울, 전경련회관, 여의도 파이낸스타워, 오투타워, 에스트레뉴 등 대형 빌딩 내에 입점해 있는 매장이 많다. 맛집 검색 플랫폼 '식신'에서 지난 2022년 9월 기준 최근 3개월 동안 검색량이 가장 많이 늘어난 음식점을 파악한 결과 1위는 전경련회관 내 위치한 '세상의모든아침'이다. 3위 '사대부집 곳간' 역시 같은 건물에 들어서 있다. 2위는 여의도 백화점 지하 1층 식당가에

여의도 더현대 서울이 개장하면서 여의도 상권은 주말에도 사람이 찾는 상권으로 변모하고 있다. 평일 3~4시 애매한 시간에도 사람이 붐빈다.

위치한 콩국수 맛집 '진주집(현 진주식당)', 5위 '오복수산 여의도점' 역시 KJB광주은행 건물에 있다. 이 밖에도 농협재단빌딩에 들어선 '여의도셋째집(8위)', 더현대 서울에 위치한 '수티 더현대서울점(9위)' 등이 상위권을 차지했다.

여의도를 대표하는 쇼핑몰을 꼽으라면 역시 '더현대 서울'이다. 2021년 2월 말에 문을 연 더현대 서울은 현대백화점그룹이 2015년 판교점 이후 6년 만에 선보인 정지선 회장의 '야심작'이다. 2021년 연

매출이 약 8000억원으로, 건물 그 자체만으로도 웬만한 상권과 맞먹는 매출 규모를 자랑한다.

더현대 서울은 주변 상권에도 호재로 작용했다. 개점 전에는 '기존 수요를 더현대 서울이 모두 흡수할 것'이라는 우려가 있었다. 막상 뚜껑을 열어보니 상황은 달랐다. 평일 매출은 물론 과거에는 부진했던 주말 매출까지 오르기 시작했다. 멀리 지방에서까지 더현대 서울에 오려는 방문객이 쏟아지면서 고객이 '여의도 직장

인'에서 '전국 남녀노소'로 늘어난 모양새다.

더현대 서울 낙수 효과로 기존 여의도 상권 터줏대감인 'IFC몰' 매출도 급성장했다. IFC몰에 따르면 2022년 전년 대비 월평균 매출 증가율은 약 50%, 올해 1월에는 80%에 육박할 정도로 선전했다. 여의도에서 '사위식당'과 '카레나이스' 직영점을 운영하는 김한주 사위식당 대표는 "2022년 8월 매출이 역대 월매출 최고 기록을 경신했다. 더현대 서울이 이슈화가 되면서 여의도가 전국구 상권으로 거듭난 모습이다. '더현대 서울 맛집' '여의도 맛집'으로 키워드 검색이 늘면서 주변 음식점도 반사 효과를 봤다"고 설명했다.

대한민국 정치 중심 '서여의도'

● 국회의사당역 기반 탄탄한 수요

여의도 공원 맞은편, 서여의도 상권은 대형 몰이 즐비한 동여의도에 비하면 상권 규모가 작다. 부지 면적 대부분을 국회의사당이 차지하는 데다, 고도 제한으로 인해 건물 높이가 낮기 때문이다. 다만 크기가 작다고 해서 무시할 상권은 아니다. 동여의도에 비해 작을 뿐이지, 서울 다른 상권에 비하면 점포 개수와 점포당 매출

등이 상위권에 속한다.

서여의도 상권은 유동인구에 비해 점포 개수가 많다. 서울시 우리마을가게 상권 분석 서비스에 따르면 서여의도 상권 점포 개수는 1279개다. 면적이 더 넓고 유동인구도 2배 많은 노량진 상권(1482개)과 비슷한 수치다. 점포당 월평균 매출은 1950만원으로 서울시 전체 평균 1509만원을 웃돈다.

비교적 적은 유동인구에도 서여의도 상권이 활기를 띠는 배경에는 서여의도만의 특수한 '소비자'가 있기 때문이다. 이곳에는 사회적으로 지위가 높은 고소득자가 많다. 정치 중심지인 국회의사당이 위치한 데다 더불어민주당, 국민의힘 등 주요 정당 사무실도 자리 잡고 있어 주요 정치권 관계자들이 자주 드나든다. 이외에도 현대캐피탈을 비롯한 대기업과 산업은행, 수출입은행 등 주요 국책 기관이 많다. 고객 대부분이 정치와 경제 관련 중요 기관 종사자다. 덕분에 타 상권에 비해 주거·유동인구의 소득 수준이 높다. 서여의도 상권 인구의 소득 수준은 9분위(월소득 489만~695만원)로 서울 평균인 7분위(298만~374만원)에 비해 높은 편에 속한다.

정치인·직장인 인구가 많은 지역답게 강세를 띠는 업종은 외식업이다. 특히 사

대형몰 이외에도 여의도 백화점을 중심으로 한구석에는 '증권맨'들이 자주 찾는 노포들이 많다.

적인 대화를 나눌 수 있는 '방'을 갖춘 곳이 인기가 많다고. 특히 국회의사당역과 여의도 켄싱턴호텔 사이 골목에 유명한 점포가 집중적으로 포진해 있다.

국회의원들이 자주 찾는 것으로 알려진 '남도마루'와 '가시리' '홈레스토랑' 등이 대표적인 식당이다. 해당 골목의 외곽, 대로변에는 보다 대중적인 식당이 자리한다. 미쉐린 가이드에 이름을 올렸던 '이도맨숀'부터, 여의도를 대표하는 냉면집 '정인면옥'이 자리를 지키고 있다. 서여의도 인근에서 가게를 하는 점주 A씨는 "대중적으로 인기가 많은 식당의 경우, 주변 직장인과 국회의원 보좌진이 많이 찾는다. 반면 국회의원 등 정치인들은 조용히 오찬을 먹을 수 있는 방이 많은 식당을 선호하는 경향이 강하다"고 분위기를 전했다.

서여의도 상권은 단점도 뚜렷하다. 요일과 시간에 따라 매출이 극명하게 차이가

여의도 더현대 서울이 개장하면서 여의도 상권은 주말에도 사람이 찾는 상권으로 변모하고 있다. 평일 3~4시 애매한 시간에도 사람이 붐 빈다.

난다. 주말에 매출이 거의 발생하지 않는 주 5일 상권이다. 현대백화점이나 IFC몰 등이 있어 주말에도 사람이 모이는 동여의도와 달리 서여의도는 주말에 사람을 끌어들일 요인이 없는, 전형적인 오피스 상권이다. 유동인구와 점포당 매출이 주말이 되면 현저히 떨어진다. 서여의도 상권의 전체 매출 중 토요일(7.6%)과 일요일의(7.4%) 매출 비중은 주중 평균(17%)에 크게 미치지 못한다. 시간대별

매출도 점심에 집중돼 있다. 술집이나 주점보다는 주로 식당가가 발달한 탓이다. 11~14시에 매출의 40%가 발생한다.

여의도 상권 전망은

• '초보'는 힘들어…재개발 이슈 관건

여의도 상권에 대해 전문가들은 '안정적'인 상권이라고 평가한다. 상권이 크게 무

**최근 3개월 여의도역 '식신' 검색량 증가
음식점 순위는**

순위	매장명	주요 메뉴
1	세상의모든아침	이탈리안
2	진주집	콩국수
3	사대부집 곳간	한식 반상
4	화목순대국	순댓국
5	오복수산 여의도점	일식, 카이센동
6	정인면옥	평양냉면
7	아루히	스시 오마카세
8	여의도 셋째집	냉동 삼겹살
9	수티 더현대 서울점	스테이크
10	가양칼국수버섯매운탕	버섯 매운탕 칼국수

※ 9월 28일 기준 　　　　　　　　　　　　　　　　　자료:식신

너질 일은 없다는 뜻이지만, 반대로 말하면 매출이 급격히 오를 만한 드라마틱한 변화가 없다는 뜻이기도 하다. 권강수 상가의신 대표는 "여의도 상권은 기본이 워낙 탄탄한 상권이다. 코로나19 유행 같은 재앙만 아니면 매출이 급감할 이유는 거의 없다. 또 이미 개발이 거의 다 된 상권이기도 하다. 매출이 급격히 오를 호재도 적은 상권"이라고 설명했다.

단 변수가 아예 없는 것은 아니다. 동여의도와 서여의도 모두 '재개발' 관련 이슈가 있다. 동여의도는 근처의 노후화된 아파트 단지들이 재건축 · 재개발을 추진하고 있다. 직장인 유동인구에 이어 배후인구까지 확보하면 '주 5일 상권'에서 주말 매출까지 오르는 '주 7일 상권'으로 자리 잡을 수 있다. 서여의도는 국회의 세종 이전 이슈가 있다. 국회의사당이 이전하면 서여의도 지역의 개발 규제가 대거 풀릴 가능성이 높다.

여의도 내 노후화된 아파트 단지들은 대거 재건축을 추진하고 있다. 51년 된 노후 아파트인 시범아파트의 경우 지난해 말 신속통합기획 단지로 적용됐다. 현재 65층 규모의 초고층 단지로 재개발을 추진 중이다. 시범 · 삼부아파트 등 한강변 아파트들이 재건축에 성공한다면, 상권 배후인구는 급속도로 늘어난다. 현재 금융가 오피스 상권에 밀려 다소 침체된 샛강역 인근 상권까지 혜택을 볼 전망이다. 서여의도는 호재와 악재가 공존한다. 호재는 국회의사당 이전이다. 현재 서여의도 일대는 국회의사당보다 높은 크기로 건물을 짓지 못한다. 때문에 동여의도와 달리 마천루가 없다. 또 국회의사당이 전체 면적의 절반 가까이를 차지한다. 만약 국회의사당이 이전한다면 고도 제한 등 규제가 풀리고, 의사당 부지 일대 개발이 가능하다. 부동산업계에서는 국회가 이전한다면 이미 포화된 동여의도를 피해

서여의도에 개발 자금이 몰릴 것이라고 전망한다.

악재는 주요 국책 은행의 지방 이전 이슈다. 현재 정부는 산업은행과 수출입은행 등 국책 은행을 지방으로 이전하는 작업을 추진 중이다. 유동인구 다수를 차지하는 이들 은행이 사라진다면 서여의도 상권 일대는 단기적으로 침체에 빠질 확률이 크다.

여의도 상권에 입점을 원하는 예비 창업자가 주의해야 할 점도 있다.

먼저 더현대 서울이나 IFC몰 등 대형 상가 건물 입점은 '초보 창업자'에게는 사실상 불가능하다. 상가 건물 특성상 검증된 브랜드, 그것도 직영점을 선호한다. 이들은 임대료 대신 매출 대비 수수료를 받아간다. 더현대 서울, IFC몰보다 규모가 작은 여타 상가 건물 입장에서도 원하는 바가 비슷하다. 김상호 현선이네떡볶이 대표는 "여의도는 프리미엄 상권이다. 직장인 소득이 높을뿐더러 상가 건물에서도 입점을 원하는 눈높이가 높다. 초보 창업자보다는 추가 출점을 원하는 탄탄한 직영 브랜드가 눈여겨볼 만한 상권"이라고 말했다.

음식점 개업을 원한다면 창업자가 겨냥하는 고객이 명확해야 한다는 의견도 있다. "회식 등 법인카드 결제가 많은 음식점을 생각한다면 가격과 비용을 신경 쓰지 말고 품질과 서비스를 최우선해야 한다. 프라이빗한 공간을 찾는 고객이 많기 때문에 '룸'식 매장도 추천한다. 반대로 일반 직장인 점심 고객을 대상으로 한다면 회전이 빠르고 수요가 많은 일상식이 적합하다. 한식·백반이 대표적이다." 김한주 대표의 제언이다.

탄탄한 배후인구에 웃는

'교대역'

법원·대학교·아파트 한데 모인 '복합 상권'

법조인·고소득자 '까다로운 입맛' 뚫어라

'교대역'은 메가 상권이 즐비한 서울에서도 손꼽히는 대형 상권 중 한 곳이다. 나이스지니데이타에 따르면 2022년 2분기 기준 교대역보다 매출이 더 큰 상권은 가로수길, 홍대입구역, 압구정로데오, 강남역 정도뿐이다. 여타 상권에 비해 존재감 자체는 크지 않지만 실제 장사는 잘되는 '알짜 상권'이라고 볼 수 있다. 더현대

서울, IFC몰 같은 대형 쇼핑 공간이 여럿 위치한 여의도역이나, 익선동·귀금속 거리를 끼고 있는 종로3가역과 비교해도 매출 규모가 더 크다.

교대역은 다채로운 업종이 자리 잡은 상권으로도 유명하다. 법조인, 대학생, 아파트 주민 등 배후 수요 자체가 워낙 다양하기 때문이다. 덕분일까. 초대형 상권임

교대 상권은 법원과 서울교대를 중심으로 4가지 상권으로 나뉜다. 그 상권마다 특색이 다양하다.

에도 불구하고 지난 코로나 팬데믹 타격이 상대적으로 덜했다. 코로나 팬데믹이 한창이던 2021년 4~5월 교대역 상권 매출은 약 1040억원이었다. 코로나 이전인 2019년 4~5월(약 1182억원)과 비교하면 약 12% 감소하기는 했지만 다른 상권과 비교하면 '양반'이다. 같은 기간 종로3가역 매출 증감률은 -20.2%, 홍대입구역은 -21.1%를 기록했다. 교대역 인근에 위치한 역삼역(-20.6%)과 사당역(-25%) 역시 20%가 넘는 감소율을 보였다.

코로나 충격이 덜했는데도 불구하고, 사회적 거리두기 해제 이후 반등 조짐이 심상치 않다. 2019년 매출을 넘어설 정도로 최근 매출 증가세가 가파르다. 서울 주요 상권 중 2022년 4~5월 매출이 전년 대비 가장 많이 늘어난 상권 6위다. 가로수길·홍대입구·압구정로데오·논현역·종로3가역 다음이다.

그뿐인가. 요즘 교대역 상권은 코로나 이전보다 더 잘나간다. 2019년 2분기 교대역 상권 월평균 매출은 603억원. 2020년

대법원이 앞에 위치한 덕분에 교대 상권은 '법률 사무소'의 성지라고도 불린다.

교대 상권은 아크로비스타 아파트를 비롯한 고급 아파트 단지를 배후에 두고 있다.

(576억원), 2021년(562억원) 주춤했지만 2022년 662억원으로 급증했다. 2022년 7월에는 월매출 711억원을 기록하기도 했다. 직장인과 학생이 컴백하면서 상권 전반이 활기를 띠는 모습이다. 교대역 상권 성공 비결은 무엇일까.

정확히 4등분 된 교대역 상권

● 법원·아파트·대학교·먹자골목 '구분'

교대역 상권이 본격적으로 덩치를 키우기 시작한 것은 1990년대부터다. 1989년 서울고등법원과 서울중앙지방법원이, 1995년에는 대법원과 대검찰청이 교대역 인근에 자리를 잡으며 상권 크기가 확 커졌다. 판·검사 등 공무원은 물론 법무법인과 법률 사무소가 대거 들어서면서 변호사 등 법조 관련 직장인 인구가 크게 늘어난 덕분이다.

1996년에는 기존 지하철 2호선에 더해 3호선까지 개통되면서 더 큰 호재를 맞았다. 교대역은 강남권에서 지하철 2호선과 3호선이 만나는 유일한 환승역으로 자리

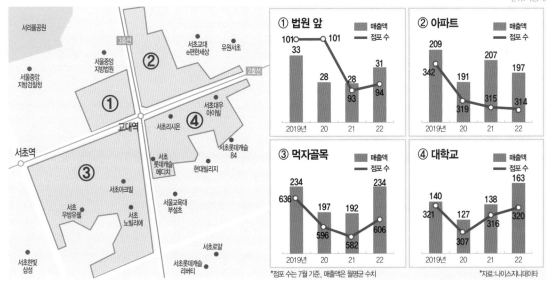

단위: 억원, 개

① 법원 앞
- 매출액
- 점포 수

101 101
33   28   28   31
              93   94
2019년 20   21   22

② 아파트
- 매출액
- 점포 수

342   209   207   197
319   191   315   314
2019년 20   21   22

③ 먹자골목
- 매출액
- 점포 수

636   234   197   192   234
596   582   606
2019년 20   21   22

④ 대학교
- 매출액
- 점포 수

140   127   138   163
321   307   316   320
2019년 20   21   22

*점포 수는 7월 기준, 매출액은 월평균 수치   *자료: 나이스지니데이타

잡으며 유동인구가 급증했다. 서울 내 모든 지하철역 중 환승 인원이 매년 5위권 내에 위치할 정도다.

교대역만의 차별점은 또 있다. 위치에 따라 상권 특성이 명확히 구분된다는 점이다. 교대역 상권은 '교대역 사거리'를 기준으로 딱 네 개 상권으로 갈린다. 사거리 북서쪽부터 시계 방향으로 '법원 상권' '아파트 상권' '대학교 상권' '먹자골목 상권'이다. 상권마다 인근에 위치한 주변 시설이 다른 덕분에 서울에서 찾아보기 힘든 독특한 복합 상권이 형성됐다. 먼저, 서울중앙지방법원 바로 앞쪽에 위치한 '법원 상권'이다. 이곳에는 일반 음

식점 외에도 법률 사무소, 법무사 사무소, 인쇄소 등 다양한 업장이 들어서 있다. 전국 각지에서 소송을 위해 찾는 인구가 주요 고객이다.

법원 상권 동편에는 '아파트 상권'이 형성돼 있다. 서초교대e편한세상아파트, 유원아파트를 비롯해 윤석열 대통령이 살았던 것으로 유명한 '아크로비스타' 등 고가 아파트 단지가 대거 들어서 있다. 치과, 한의원, 여성 미용실, 입시 학원, 요가, 비만·피부 관리 등이 주요 업종이다. 주변 소득 수준이 높은 덕분에 객단가 역시 높은 상권으로 유명하다.

아파트 상권 남쪽으로는 '대학교 상권'이

거리두기 해제 이후 매출 증가 상권 '톱10'

순위	지역	증가액	점포 수 증감
1위	가로수길	572억2000만원	67개
2위	홍대입구역	552억2000만원	179개
3위	압구정로데오	297억원	41개
4위	논현역	275억2000만원	29개
5위	종로3가역	261억6000만원	98개
6위	교대역	243억3000만원	33개
7위	역삼역	241억6000만원	15개
8위	여의도역	229억7000만원	34개
9위	잠실새내역	218억5000만원	38개
10위	신림역	177억3000만원	99개

※올해 4~5월 기준(전년 동기 대비) 자료 : 나이스지니데이타

교대역 매출, 어떤 업종이 많이 늘었나

순위	업종	증가액	점포 수 증감
1위	한식·백반	35억9000만원	6개
2위	일반 병원	34억9000만원	2개
3위	변호사	33억9000만원	5개
4위	노래방	14억8000만원	7개
5위	피부과	12억8000만원	2개
6위	호프·맥주	12억5000만원	5개
7위	한의원	12억원	-1개
8위	갈비·삼겹살	11억8000만원	1개
9위	치과	11억4000만원	0개
10위	커피 전문점	9000만원	2개

※올해 4~5월 기준(전년 동기 대비) 자료 : 나이스지니데이타

다. 서울교육대와 서울교대부설초와 맞닿아 있는 지역이다. 학생들이 자주 이용하는 커피 전문점(32개, 2022년 7월 기준)이 가장 많이 분포한 곳이다. 교대역 4개 상권 중 약국(8개)과 편의점(8개)이 가장 많다는 점이 눈에 띈다.

마지막으로 대학교 상권 좌편에 위치한 상권이 '먹자골목 상권'이다. 4개 상권 중 매출 규모가 가장 큰 곳으로, 음식점이 차지하는 비중이 전체 55.4%나 될 만큼 먹거리에 특화됐다. 2022년 7월 기준 한식·백반 매장이 80개로 가장 많고 커피

전문점(46개), 호프·맥주(32개), 노래방(23개), 갈비·삼겹살(22개) 등 매장이 들어서 있다.

이처럼 다양한 상권 포트폴리오는 데이터 분석 결과에서도 나타난다. 2022년 4~5월 기준, 교대역에서 전년 대비 매출이 가장 많이 오른 업종 순위를 1위부터 5위까지 살펴보면 한식·백반, 일반 병원, 변호사(법률 사무소), 노래방, 피부과로 다양하다. 호프·맥주(6위), 갈비·삼겹살(8위), 커피 전문점(10위), 냉면집(13위), 꼬치구이 전문점(14위) 등 외식

대법원에서 소송이 끝난 후 식사를 해결하고 가는 손님들이 교대 상권의 주요 고객들이다.

업종이 특히 강세다. 편의점(11위), 여성 미용실(12위), 꽃집(17위), 화장품(18위) 등 소매·서비스 업종 매출 증가폭도 두드러졌다.

주시태 나이스지니데이타 팀장은 "교대역은 법조타운, 병원, 교육대, 아파트와 주택가, 여기에 먹자골목과 유흥시설까지 한데 어우러진 독특한 상권이다. 유동인구, 주거인구, 근로인구, 학생인구가 두루 포진해 있다. 수요가 다양하고 워낙 여러 업종이 모여 있는 상권이라 서로 시너지 효과도 낼 수 있다"고 설명했다.

교대이층집이 이끈 '교대 전성기'

● 서관면옥·교대곱창 등 신구조화도

교대역 4개 상권 중에서도 최근 가장 주목받는 상권은 단연 '먹자골목' 상권이다. 월평균 매출이 2021년 192억원에서 2022년 234억원까지 증가하며 교대역 부활을 주도하고 있다. 특히 교대역 14번 출구 뒤편으로 이어지는 이면도로 골목이 주목받는다.

먹자골목 이면도로 부흥을 얘기할 때 빼놓을 수 없는 외식 기업이 '세광그린푸드'다. 레트로한 인테리어와 꽃삼겹 맛집으로 유명한 '교대이층집'이 출발이었다. 이후 돼지갈비 전문 브랜드 '교대갈비집', 특수부위 전문점 '교대골목집', 족발 전문점 '교대평상집' 등 이른바 '교대 시리즈'가 잇달아 히트를 쳤다. 여기에 저온 숙성 양대창으로 전국구 인기를 누리고 있는 '세광양대창', 보쌈·막국수 음식점인 '서리풀식당'까지 더하면 총 6개 매장이 교대 먹자골목에 포진해 있다. 그야말로 '세광촌'이 형성된 셈이다. 과거 '교대곱창'으로 대표되는 기존 먹자골목에 비해 한산했던 이면도로 골목은 세광그린푸드 브랜드 인기에 힘입어 단숨에 교대역 핵심 상권으로 부상했고, 교대역 먹자골목 상권이 한층 확장되는 계기가 됐다. 세광그린푸드 브랜드 외에도 교대역에는 신흥 강호로 급부상한 맛집이 즐비하다. 상권 전체가 재평가되면서 실력 있는 외식 자영업자들이 하나둘 진입한 결과다. 평양냉면으로 조선시대 반상 문화를 재현해놓은 '서관면옥', 가성비 중국집으로 '백탕면'이 유명한 '양가식탁' 등이 대표적이다. 주변 배후인구 소득 수준이 높은 덕분에 '스시야'도 대거 진입했다. '스시 소라' '스시 진수' '스시 윤슬' 등이 유명하다.

새로 생긴 음식점만 인기를 끄는 것은 아

세광그린푸드가 운영하는 교대이층집은 교대 상권의 르네상스를 이끌었다는 평가를 듣는다.

니다. 수십 년 동안 교대 상권을 지켜온 노포들도 꾸준히 명성을 이어오고 있다. 40년 넘게 영업하며 과거 교대 곱창 거리 전성기를 이끌었던 '교대곱창', 30년 전통의 '거북곱창' 등은 여전히 성업 중이다. 업력 30년이 넘은 곰탕 전문점 '신선옥', 중소벤처기업부로부터 '백년가게' 인증을 받은 백숙 맛집 '3대삼계장인' 등

먹자골목은 인근 교대생은 물론 강남권 직장인들까지 몰리는 A급 상권이다.

노포들 역시 최근까지도 맛집 플랫폼 검색어 상위권에 위치할 만큼 꾸준한 사랑을 받고 있다.

안병익 식신 대표는 "교대역 상권은 법조인과 고소득자들이 즐겨 찾는 상권으로 미식에 대한 눈높이가 높은 지역이다. 전통 있는 노포와 교대이층집 같은 신흥 매장, 그리고 고급 스시야까지 다양한 종류의 수준 높은 음식을 한곳에서 즐길 수 있는 흔치 않은 상권"이라고 설명했다.

교대역, 향후 전망은

● 법원 굳건하고 서리풀터널 교통 호재

교대역 상권 전망은 어떨까. 전문가들은 "법원이 있는 한 상권이 갑자기 죽을 일은 없을 것"이라고 입을 모은다.

교대 상권을 이용하는 대부분 고객이 법률 종사자거나, 소송 때문에 법원을 찾는 사람이다. 소송 건수는 경기가 불황이든 호황이든 크게 영향을 받지 않는다. 유동

교대역은 향후 전망도 밝다. 교통이 탄탄한 데다, 대법원과 고급 아파트 단지 등 배후 수요가 탄탄하기 때문이다.

인구가 안정적으로 확보돼 있다는 얘기다. 김슬기 세광그린푸드 대표는 "법원이 있는 한 교대 상권은 무너질 일이 없다. 법원을 찾는 사람은 늘 많고 소송 건수는 늘어만 간다. 변수가 크지 않은 게 이 상권의 매력 중 하나"라고 강조했다.

서리풀터널 개통 이후 교통량이 늘어난 점도 호재다. 방배동에서 서초동까지 접근성이 크게 개선되면서 방배동 지역 배후인구를 교대 상권이 흡수하는 모양새다. 교대역 인근에서 고깃집을 운영하는

점주 김주웅 씨(가명)는 "서리풀터널이 개통하면서 교대 일대에 교통량과 유동인구가 늘어났다. 배후인구가 늘어나면서 주말에도 손님이 몰린다. 직장인 대상 주 5일 상권에서 주 7일 상권으로 점차 바뀌어가고 있는 중"이라고 평가했다.

다만, 교대 상권이 좋다고 해서 무작정 진입을 고려하면 곤란하다.

예비 창업자 입장에서는 주의할 사항이 있다. 무엇보다 비싼 임대료와 권리금이 부담 요인이다. 상권 평가가 좋은 만큼

매장 구하기도 어렵다. 비싼 매물은 권리금이 최대 1억5000만원이 넘어간다. 권강수 상가의신 대표는 "교대역 인근은 1억~2억원대 자금으로 창업은 꿈도 못 꾼다. 임대료뿐 아니라 쟁쟁한 외식업자가 많아 진입장벽이 높다. 가게 운영 경험이 적은 이가 섣불리 들어오기 힘든 상권"이라고 분석했다.

교대역 상권에서 매장이 점점 대형화·고급화되고 있다는 점도 유념해야 한다. 2022년 교대역 상권 매출은 2019년보다 크지만 점포 수는 오히려 줄었다. 2019년 1410개에서 2021년에는 1281개까지 줄며 120개 넘는 점포가 문을 닫았다. 최근 1350개 수준으로 다시 늘기는 했지만 코로나 이전과 비교하면 개업이 더딘 모습이다. '매장별 매출이 늘었다'는 얘기는 매장 크기가 커졌다는 말과 같다. 임대료, 인테리어 비용을 포함한 창업비용과 관리비도 자연스럽게 늘어나게 된다.

김도훈 나이스지니데이타 연구원은 "교대역 상권은 매출은 증가하고 점포는 감소하는 상권 '집중기' 현상이 나타나고 있다. 이런 현상이 나타나는 상권에서는 매장이 전문화·고급화·대형화되는 흐름이 나타난다. 4050 고소득 남성 위주 고객이 많다 보니 크고 널찍한 매장을 선호하는 경향이 있다"고 설명했다. 교대역

상권에서 주점을 운영하는 이영민 씨(가명) 역시 "데이트를 즐기러 나온 2030세대보다는 인근에서 일하는 공무원과 직장인 손님이 많다. 법조타운 직장인이 회식 장소로 이용할 수 있을 만한 쾌적하고 넓은 시설을 갖춰놓는 것이 관건"이라고 설명했다.

빼곡히 들어찬 법률사무소는 교대 상권을 상징하는 모습이다.

프랜차이즈의 무덤···
'퀄리티'에 집중해야

김슬기
세광그린푸드 대표

김슬기 대표가 이끄는 세광그린푸드는 교대이층집을 비롯해 현재 6개 브랜드 매장을 교대에서 운영한다. '교대 상권 외식업 판도를 바꿨다'는 평가를 받는 그에게 교대 상권의 현주소와 향후 전망에 대해 물었다.

Q. 왜 교대 상권을 선택했나.
A. 처음 보자마자 '좋다'는 생각이 바로 들었다. 상권이 가진 매력이 너무 확실했다. 바로 '법원'의 존재다. 교대 상권은 특수 상권이다.

유동인구는 종로나 홍대에 비하면 적은 게 사실이다. 다만 사시사철 '구매력 높은' 사람을 끌어모으는 법원이 있다. 소송은 경기를 타지 않는다. 때문에 교대역 상권은 성수기와 비수기가 없다.

Q. 소송 때문에 방문한 손님은 '뜨내기' 아닐까.
A. 대법원은 전국 각지 소송의 최종 단계를 맡는 곳이다. 손님이 전국에서 몰려든다. 평일에 일을 보러 온 손님들이 식당에 들러 밥을 먹고, 맛있다고 생각하면 주말에 가족을 데리고 오는 경우가 허다하다. 단골 몇 명만 잘 잡아도 안정적인 수익이 보장된다. 법원에서 입소문만 타면 홍보도 할 필요가 없다. 알아서 소문이 다 난다. 이런 점에 매력을 느껴 교대에 진출해야겠다고 마음을 먹었다.

Q. 교대이층집이 대박을 터뜨렸다.
A. 사실, 우연찮은 계기로 탄생했다. 교대에 음식점을 차리려다 보니, 1층 임대료가 너무 비쌌다. 어쩔 수 없이 1층보다 저렴한 2층에 가게를 열었다. 2층에 있는 삼겹살집이라는 뜻에서 이름도 '이층집'으로 지었다. 처음에는 힘들었

© 세광그린푸드 홈페이지 화면 갈무리

다. 매출이 한 달에 **40만원**에 그친 적도 있다. 직원들이 거리에 나가 직접 호객 행위를 하기도 했다. 이후 점차 법조인을 중심으로 입소문을 타면서 고객이 몰려들기 시작했다.

Q. 예비 창업자가 주의해야 할 교대 상권만의 특징이 있다면.

A. 교대 상권은 가격보다는 '맛'이 가장 중요하다. 법률, 의료 종사자가 많다 보니 기본적으로 소득 수준이 높다. 때문에 미식에 대한 기준도 엄격하다. 적당한 가격으로 적당한 맛에 파는 가게, 특히 프랜차이즈 가게가 섣불리 성공하기 힘든 상권이다. 누구나 알 만한 유명 고깃집 프랜차이즈도 6개월 만에 짐을 싸서 나갔다. 현재도 치킨을 제외하면 프랜차이즈 음식점은 거의 찾아보기 힘들다. 가성비로 승부한다 생각하지 말고 퀄리티를 높이는 데 집중해야 한다. 인건비가 더 들더라도 직원 서비스 수준도 높이는 게 좋다.

한국을 대표하는 원룸촌
'신림역'

남녀노소 다 모이는 '술판'…서남부의 '홍대'
매출 1위 유흥주점, 호프·소주방·나이트도 '방긋'

서울에서도 유동인구가 많기로 손꼽히는 지하철 2호선 신림역 주변 상권. 평일 오후 1시에 찾은 신림역 일대 거리는 한산하기 짝이 없다. 타임스트림과 르네상스쇼핑몰 등 쇼핑센터를 들락거리는 20대 정도가 그나마 눈에 띈다. 하지만 시간이 지날수록 분위기가 달라진다. 오후 3시 무렵이 되면 학업을 마친 중·고등학생과 대학생이 거리에 쏟아져 나온다. 그들은 커피 전문점, 인생네컷 같은 사진관, 네일숍, 오락실, 패스트푸드점을 점령하다시피 한다. 4시부터는 이면도로에 위치한 음식점과 주점이 오픈 준비를 하며 상권에 활기를 더해간다. 신림역 신원시장 안쪽으로 여럿 자리 잡은 닭튀김 가게 앞에도 길게 줄이 늘어서기 시작했다.

신림역 상권은 신림사거리를 기준으로 크게 4개 구역으로 나뉜다. '원룸촌 상권', 르네상스쇼핑몰과 이면도로 인근에 자리 잡은 '르네상스 상권', 타임스트림구 포도몰을 중심으로 형성된 '타임스트림 상권', 순대타운과 먹자골목이 위치한 '별빛신사리 상권'이다.

오후 6시 신림역 대로변은 그야말로 인산인해를 이뤘다. 남녀노소 할 것 없이 거리를 활보하고 먹자골목 내 음식점과 순대타운은 손님들로 가득 들어찬다. 피크는 8시부터다. 르네상스쇼핑몰 뒤로 위치한 룸살롱과 단란주점의 네온사인에 불이 들어오기 시작하고, 거리는 기분 좋게 취한 이들의 웃음소리와 담배 연기로 '얼큰'한 분위기를 자아낸다. 신림역 근처에서 고깃집을 운영하는 구희관 씨(가명)는 "신림역 상권은 20대 대학생과 사회 초년생부터 3040 직장인, 5060 중장년층까지 모두 찾는 '유흥 상권'이다. 교

통이 워낙 좋은 데다 물가도 강남보다 저렴한 탓에 여기저기서 손님이 몰려온다. 시끄럽고 정신없을 때도 많지만 고깃집을 운영하는 입장에서 보면 배후 수요가 탄탄한 최고 상권"이라고 설명했다.

신림역은 코로나 팬데믹 타격을 비교적 덜 받은 지역으로 유명하다. 국내 최대 원룸촌을 보유한 덕분에 고정 수요를 든든히 갖춰놓은 덕분이다. 상업시설만 갖춘 유흥 상권, 직장인만 많은 오피스 상권처럼 배후 수요가 한쪽으로 치중되지 않았다. 코로나 팬데믹 이후에도 하루 지

거리두기 해제 이후 매출 증가 상권 '톱10' 단위:원, 개

순위	지역	증가액	점포 수 증감
1위	가로수길	572억2000만	67
2위	홍대입구역	552억2000만	179
3위	압구정로데오	297억	41
4위	논현역	275억2000만	29
5위	종로3가역	261억6000만	98
6위	교대역	243억3000만	33
7위	역삼역	241억6000만	15
8위	여의도역	229억7000만	34
9위	잠실새내역	218억5000만	38
10위	신림역	177억3000만	99

※올해 4~5월 기준(전년 동기 대비) 자료:나이스지니데이타

신림역 매출, 어떤 업종이 많이 늘었나 단위:만원, 개

순위	업종	증가액	점포 수 증감
1	유흥주점	29억7000	30
2	호프·맥주	27억6000	4
3	정형외과	18억9000	2
4	갈비·삼겹살	16억9000	4
5	한식·백반	12억2000	4
6	소주방	11억2000	3
7	여성 미용실	8억1000	3
8	커피 전문점	7억9000	13
9	약국	7억5000	2
10	나이트클럽	6억8000	1

※올해 4~5월 기준(전년 동기 대비) 자료:나이스지니데이타

하철역 승하차 수가 10만명이 넘을 정도로 풍부한 유동인구, 여기에 신도림·영등포 등 주변 상권 침체도 신림역 상권에는 호재로 작용했다. 코로나 팬데믹이 막 터진 2020년 1분기, 신림역 중대형 상가 공실률은 1.4%에 불과했다. 같은 기간 서울 중대형 상가 평균 공실률(7.9%)보다 훨씬 낮은 수준이다.

하지만 신림역도 타격이 없지는 않았다. 특히 사회적 거리두기 직격탄을 맞은 '유흥업소'와 '주점' 매출이 극심한 난조를 보였다. 신림역은 서울 서남부권에서 가장 큰 유흥 상권을 보유한 지역이다. 나이트클럽과 유흥주점은 물론 노래방, 모텔, 호프집이 대로변과 이면도로를 중심으로 넓게 포진해 있다. 나이스지니데이타에 따르면 2019년 4분기 월평균 437억원을 기록했던 신림역 상권은 2020년 4분기 322억원까지 떨어졌다.

급전직하한 만큼 회복도 급속도로 빨랐다. 신림역 상권은 사회적 거리두기 해제 직후인 2022년 4~5월, 전년 대비 매출이 가장 많이 증가한 서울 상권 10위에 랭

신림역은 10대 학생을 비롯 2030, 4050까지 다양한 연령대가 몰린다.

크됐다. 2022년 8월 기준 월평균 매출이 458억원으로 코로나 팬데믹 이전 수준을 이미 넘어섰다. 서울 서남부권에서 매출 증가 10위권 안에 들어간 곳은 신림역이 유일하다. 신림역 인근에서 공인중개사무소를 운영하는 김성일 씨(가명)는 "코로나 팬데믹이 한창이던 2021년에는 체감 공실률이 20~30%가량 됐다. 코로나 팬데믹에도 권리금과 임대료가 꿈쩍도 하지 않은 다른 주요 상권과 달리 권리금이 급격한 하락세를 그렸고 현재는 공실이 거의 없다고 봐도 무방하다. 임대 문의 매물을 찾으려면 이면도로 2·3층까지 올라가야 한다"고 분위기를 전했다.

한국을 대표하는 '원룸촌'

● 소득 낮지만 우월한 주류 매출

신림역은 서울을 넘어 한국을 대표하는 '원룸촌'이다. 원룸·투룸·오피스텔은 물론 고시원에 이르기까지, 소형 주거용 부동산 매물이 전국에서 가장 많은 지역으로 꼽힌다. 강남·구로·영등포 등 인근 지역으로 출퇴근하는 직장인과 학생·고시생 주거 수요가, 상대적으로 월세가 저렴한 신림으로 몰린 덕분이다.

여기에 2022년 5월 경전철 '신림선'까지 개통되며 유동인구가 더욱 늘었다. 신림선은 9호선 샛강역부터 7호선 보라매공원, 2호선 신림역을 지나 관악산역까지 이어지는 경전철이다. 향후 동여의도까지 연장 계획을 갖고 있다.

주거인구와 유동인구가 워낙 많다 보니 주점이나 노래방 같은 '유흥 상권'이 발달했다. 신림역을 매출 증가 10위까지 올려놓은 주인공도 바로 '유흥 매출'이다. 나이스지니데이타 분석 결과에 따르면 2022년 초부터 8월까지 월평균 매출이 전년 동기 대비 가장 많이 오른 업종은 '유흥주점'이다. 월매출이 10억9000만원 증가하며 전년(3억6400만원) 대비 300% 가까이 뛰어올랐다. 유흥주점이 매출 증가 업종 1위를 차지한 것은 서울 주요 상권 중 신림역이 유일하다. 주로 피부과·성형외과 같은 '의료 서비스'가 전체 상권 매출 증가를 견인한 강남 상권이나 '일반 한식' 등 먹거리 위주로 매출이 오른 홍대입구·종로3가·교대 같은 상권과는 차별화되는 지점이다.

다른 매출 증가 상위 업종도 전부 '술'이다. 2위 호프·맥주(9억원)를 비롯해 6위 소주방(3억4000만원), 8위 나이트클럽(2억원), 9위 단란주점(1억3000만원) 등 주류 매출과 관련된 업종이 상위권을 차지했다. 4위 갈비·삼겹살(6억8000만원)도 넓게 보면 유흥 관련 업종에 속한다고 볼 수도 있다.

신림역 상권에서 인기 있는 음식도 독특하다. 한식 다음으로 일식이나 양식 매출이 가장 높은 여타 주요 서울 상권과는 달리 중식, 닭갈비, 국수 순으로 매출이 크다. 유흥과 음식 업종 외에는 정형외과(3위)와 약국(5위) 순위가 높았다.

주시태 나이스지니데이타 팀장은 "코로나 팬데믹 때 부진했던 유흥 상권 수요가 급증하면서 전체 상권 매출 증가를 견인했다. 술자리 업종 외에도 노래방, 숙박업소, 골프 연습장 등 여가·레저와 관련된 업종 매출이 크게 증가했다"고 설명했다.

'밤'이 깊을수록 흥하는 신림역 상권 모습은 통계에서도 그대로 나타난다. 2022년 신림역 상권 시간대별 매출을 살펴본 결과 오후 6시부터 9시까지 매출이 29%로 가장 많았다. 오후 3시부터 6시가 19.1%, 오후 12시부터 3시가 17.4%로 뒤를 이었다. 오후 9시부터 밤 12시까지 매출도 15%로 적지 않았다. 김도훈 나이스지니데이타 연구원은 "신림 상권은 코로나 이전 대비 저녁 시간대 비중이 점차 높아지고, 밤 시간대 매출 비중도 회복하

단위:억원, 개

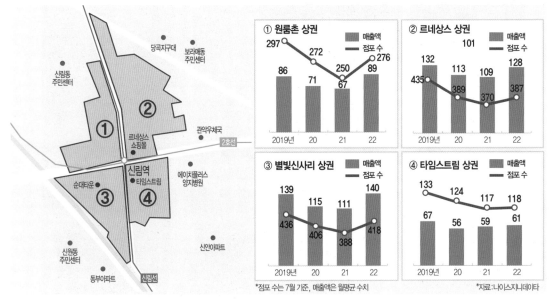

① 원룸촌 상권 ■ 매출액 — 점포 수

297 272 250 276
86 71 67 89
2019년 20 21 22

② 르네상스 상권 ■ 매출액 — 점포 수

101
132 113 109 128
435 389 370 387
2019년 20 21 22

③ 별빛신사리 상권 ■ 매출액 — 점포 수

139 115 111 140
436 406 388 418
2019년 20 21 22

④ 타임스트림 상권 ■ 매출액 — 점포 수

133 124 117 118
67 56 59 61
2019년 20 21 22

*점포 수는 7월 기준, 매출액은 월평균 수치   *자료:나이스지니데이타

는 추세가 나타나고 있다. 점심~오후 시간대 매출 비중은 다른 주요 상권에 비해 낮은 편으로 낮보다는 밤에 강한 상권이라고 말할 수 있다"고 설명했다.

신림사거리 기준 '4개 상권'

● 타임스트림 20대, 르네상스엔 30대

신림역 상권은 신림사거리를 기준으로 크게 4개 구역으로 나뉜다. 신림사거리 기준 대각선 위쪽부터 시계 방향으로 '원룸촌 상권', 르네상스쇼핑몰과 이면도로

인근에 자리 잡은 '르네상스 상권', 타임스트림(구 포도몰)을 중심으로 형성된 '타임스트림 상권', 순대타운과 먹자골목이 위치한 '별빛신사리 상권'이다.

신림역 상권을 남북으로 가르는 '남부순환로'를 기점으로 상권을 주로 찾는 연령대도 나뉜다. 남쪽에 위치한 타임스트림, 별빛신사리 상권은 20대가 주요 고객이다. 반면 북쪽 르네상스, 원룸촌 상권은 30대들의 '핫플레이스'로 통한다.

신림역 상권 중 '메인'이라고 볼 수 있는 곳은 '별빛신사리 상권'이다. 신림역 매출 대부분을 담당하는 음식점과 주점이

신림역 르네상스쇼핑몰 이면도로 상권은 각종 주점과 노래방, 숙박업소가 위치한 유흥 상권이다.

밀집한 지역으로 신림 명물로 유명한 '순대타운'과 대규모 먹자골목이 형성돼 있는 곳이다. 2019년 월평균 매출이 436억원이었던 이곳은 2020년(406억원)과 20201년(388억원) 하향세를 그리다 2022년(418억원) 다시 반등에 성공했다. 신림역 주요 4개 상권 중 절대 매출이 가장 높은 곳이다.

역시나 외식업 강세가 뚜렷하다. 서울시 우리마을가게 상권분석 서비스에 따르면 별빛신사리 상권 전체 점포 525개 중 55.8%가 '외식업'이다. 매출액도 잘 나온다. 상권 점포당 월평균 매출액은 2020만원이다. 관악구(1385만원)나 서울시(1569만원) 평균보다 월등히 높다. 상권 매출을 견인하는 소비자는 20대. 2022년 2분기 기준 20대 남성(33.6%), 여성(36.3%)의 유동인구가 압도적으로 많다. 젊은 세대가 밤늦게까지 먹고 놀 수 있는 주점, 음식점 등이 대거 밀집한 덕분

신림역 인근에 위치한 신원시장에는 점심부터 저녁까지 방문객들 발길이 끊이지를 않는다.

이다. 전라도·충청도·경상도 등 전국 순대 맛집을 한곳에서 즐길 수 있는 '순대타운'에는 '여수집' '전북 익산' '또순이 원조순대' 등 수십 년째 타운을 지키고 있는 순대볶음 맛집이 여전히 성업 중이다. 인근에는 '오첨지' '하와이조개' '하노이맥주밤거리' 등 상대적으로 새로 생긴 주점과 음식점도 저녁이면 사람이 바글거린다.

이면도로에 음식점이 많다면 대로변에는 소매 서비스업 매장이 많다. 별빛신사리 상권 대로변은 신림역에서도 유동인구가 가장 많은 지역이다. H&B스토어, 생활용품, 이동통신 매장, 분식, 제과점 등 유동인구 발길을 잡을 수 있을 만한 매장이 유리하다. 인근에서 카페를 운영하는 이희재 씨(가명)는 "손님의 70%는 20대와 30대 손님이다. 데이트하러 오는 커플이 가장 많다. 다만 아무래도 술집으로 가는 소비자가 많고 음식점은 유명한 식당 외

관악구는 지난 2020년 12월 중소벤처기업부 '상권르네상스 공모'에 선정돼 순대타운을 포함한 신림역 일대 환경을 개선하는 '별빛신사리 상권르네상스' 사업을 진행 중이다.

에는 다소 침체된 분위기"라고 설명했다. 순대타운 맞은편에는 '타임스트림 상권'이 위치한다. 타임스트림은 신림역 일대 랜드마크였던 '포도몰'이 재단장하며 바꾼 이름이다. 영등포 타임스퀘어 빌딩 운영사가 포도몰을 인수, 2021년 재단장을 마쳤다. 포도몰의 노후화와 함께 침체됐던 해당 상권은 타임스트림 입점과 함께 부활에 성공했다.

쇼핑몰이 중심인 상권인 덕에 다른 신림동 상권과 대비하면 차이가 확연하다. 한식·주점 등 음식점 매장 비중이 적은 대신 쇼핑몰 내에 위치한 점포를 중심으로 옷 가게와 액세서리 매장이 강세를 띤다. 타임스트림이 앵커 테넌트 역할을 하면서 각종 병원과 미용실, 피부 관리숍 등 서비스업 역시 최근 들어 입점이 늘고 있는 추세다. 10대와 20대 고객 비중도 신림 상권 중에서 가장 높다. 타임스트림 내부에는 삼성모바일스토어를

신림역은 서울 서남부 일대에서 교통량이 많은 지하철역이다.

비롯, 쉐이크쉑, 스트리트 패션 브랜드 매장 등 젊은 세대가 선호하는 가게가 대거 들어섰다. 삼성모바일스토어 관계자는 "기존 포도몰 때는 일대 상권이 거의 죽었다. 건물 내부가 노후화된 데다 입점 브랜드 수도 적어서 활력이 없다시피 했다. 타임스트림 재단장 후 '힙'한 매장이 들어서면서 방문객이 많이 늘었다"고 설명했다.

순대타운에서 남부순환로를 건너가면 원룸촌을 배후로 둔 '원룸촌 상권'이 나온

다. 남부순환로에 인접한 건물에는 은행과 다양한 편의시설이 대거 입점해 있다. 이면도로로 들어가면 젊은 세대가 선호하는 음식점이 모여 있다. 오히려 먹자골목보다 이름난 맛집은 더 많은 편이다. 돼지갈비를 주력으로 하는 '대원갈비'를 비롯해 간판 없는 맛집으로 유명한 '춘천골 숯불 닭갈비', 깔끔한 스타일의 중식당 '아리차이' 등이다. 다만 현재 이 일대는 잠시 유동인구가 줄어들었다. 현재 상권 중앙에 대규모 공사가 진행되고 있어서다. 동부건설이 현재 오피스텔 '센트레빌335'를 짓고 있다. 공사가 마무리되면 다시 활기를 띨 것으로 보인다.

원룸촌에서 동쪽으로 이동하면 르네상스쇼핑몰을 필두로 한 숙박업 밀집 지역이 등장한다. 이곳에는 각종 나이트클럽과 숙박업소가 몰려 있다. 저녁 10시 이후 늦은 시간 신림역 상권의 중심이 되는 곳이다. 밤늦은 시각 해당 상권에 가보면 화려한 네온사인이 불야성을 이룬다.

르네상스쇼핑몰 내부에도 매장은 있다. 다만 타임스트림과는 성향이 다르다. 타임스트림이 10대와 20대가 선호할 만한 콘텐츠가 많다면 르네상스 일대는 락볼링장, 나이트클럽, 롤러장 등 비교적 고연령층이 좋아할 만한 업종이 들어서 있다. 상권 이용 인구도 30대 비중이 높다.

별빛신사리 상권은 20대와 30대가 주요 이용자층이다. 이들을 겨냥한 가게가 많다.

신림 상권, 향후 전망은

● 환승역 '양날의 검'…노후화도 문제

압도적인 배후인구를 자랑하는 신림역 상권의 미래는 어떤 모습일까. 예상과는 달리 장밋빛 전망만 나오지는 않는다. 전문가들은 신림역 주변 변화가 신림역에 어떤 영향을 미치는지에 따라 상권 미래가 달라질 것이라고 강조한다.

최근 신림 일대에 생긴 가장 큰 변화는

'신림선' 개통이다. 관악구 일대를 세로로 가로질러 여의도 샛강까지 이어지는 노선이다. 환승역이 생긴다는 것은 양날의 검과도 같다. 신림역 자체 이용자는 많아진다. 겉으로만 보면 유동인구가 늘어나는 호재로 보인다. 그러나 일반적으로 환승역이 생기면 오히려 역 밖으로 나오는 사람 수가 줄어든다. 신림역에 내려 버스나 택시 등으로 갈아타던 사람들이 신림선으로 빠져 바로 환승을 해버리기 때문이다. 이전에는 역에서 내린 사람들이 자연스레 약속 장소로 신림역을 선택하는 효과가 있었는데 이후로는 이런 효과도 사라진다. 상권 입장에서는 좋지 않다. 실제 신림역 개통 이후에도 인근 상인들은 별다른 교통 호재는 체감하지 못하는 분위기다. 타임스트림 인근 공인중개사 A씨는 "상권 전체적으로 신림선 개통이 유동인구에 큰 영향은 주지 못한다고 느낀다"고 답했다.

경쟁자 등장도 우려할 만한 요인이다. 신림 상권이 지금처럼 커진 이유 중 하나는 관악구 내 수요를 모두 흡수한 덕분이다. 관악구는 서울시 내 자치구 중 인구가 다섯 손가락 안에 드는 곳으로 1인 가구로 한정할 경우 서울에서 인구가 가장 많은 자치구다. 인구는 많은데 규모를 갖춘 상권이 신림역밖에 없다 보니 '빨대 효과'에 힘입어 자연스레 상권 규모가 커졌다. 그러나 2010년대 들어 서울대입구역 근처 '샤로수길'이 등장하면서 상권 곳곳에 위기감이 맴돈다. 현장 취재 결과 10대와 20대 등 젊은 층 고객이 눈에 띄게 줄었다는 답변도 들린다. 순대타운 인근 공인중개사사무소 관계자는 "신림을 찾던 인구를 서울대입구역 쪽 '샤로수길' 상권이 일부 흡수했다. 20대 고객 중에서는 낙후된 신림쪽보다는 '힙'한 가게가 많고 비

교적 깨끗한 샤로수길을 더 선호하는 분위기도 감지된다"고 답했다.

노후화된 지역 분위기도 해결 과제 중 하나다. 상권 내 위치한 건물과 빌딩, 신원시장 등 상권 인프라가 다소 낡았다. 물론 관악구도 노후화 문제를 잘 알고 있다. 관악구는 2020년 12월 중소벤처기업부 '상권르네상스 공모'에 선정돼 순대타운을 포함한 신림역 일대 환경을 개선하는 '별빛신사리 상권르네상스' 사업을 2025년 3월까지 추진한다. 낙후된 간판과 시설물을 교체하고 서원보도교를 '별빛다리'로 테마화해 리모델링하는 등 노력을 이어가고 있다. 하지만 상인들이 체감하는 효과는 미미한 편이다. 신림역 인근 시장에서 20년째 장사를 했다는 박미숙 씨(가명)는 "5~6년 전과 비교하면 유동인구가 점점 줄어들고 있다고 생각한다. 낡은 외관과 노후화된 분위기가 젊은 고객 발길을 돌리게 하는 원인인 것 같다. 관악구에서 상권 혁신 사업을 진행 중인 점은 반갑지만 아직 이렇다 할 수혜를 입고 있다는 생각은 안 든다"고 말했다.

먹자골목에서 복합 상권으로
'잠실새내역'

야구 리그 재개와 함께 먹자골목 부활

사방이 고가 아파트…배후 수요도 풍부

10월 24일 오후 1시 찾은 지하철 2호선 잠실새내역 2번 출구. 잠실 엘스와 리센츠, 트리지움까지. 사방에 포진한 고급 아파트 단지가 시선을 사로잡는다. 3·4번 출구 쪽 호프와 고깃집이 즐비한 먹자골목은 한산하다. 대부분 가게가 오후 4~5시부터 문을 여는 탓에 썰렁한 기운만이 감돈다. 점심 식사를 하러 온 손님도 별반 눈에 띄지 않는다.

잠실새내 상권은 근처에 고급 아파트 단지가 즐비하다. 탄탄한 배후인구 덕에 매출 규모가 쉽사리 줄어들지 않는 장점이 있다.

골목 이면 주택 단지로 조금 더 깊숙이 들어가보면 분위기가 달라진다. 타로 · 사주 카페, 네일숍, 핸드폰 매장, 피트니스 센터 등 생활밀착형 매장이 빼곡히 들어서 있다. 거리는 이곳저곳 매장을 구경하는 젊은이들로 활기를 띤다. 몇 없는 개인 카페도 인기다. 주로 점심 식사 후 인근 주민이나 직장인이 카페를 이용하는 모습이다.

잠실새내 상권의 진면목은 오후 6시 이후부터 나온다. 학업을 마친 중 · 고등학생은 물론 인근 주민까지 먹자골목 상권 전체에 사람이 바글거린다. 특히 이날은 잠실새내 상권 바로 옆에 위치한 잠실야구장에서 LG 트윈스와 키움 히어로즈의 플레이오프 1차전 경기가 열린 날. 경기가 끝나자 야구팀 유니폼을 입은 시민들

이 줄지어 경기장 밖으로 쏟아져 나온다. 사실 잠실새내는 야구 좀 본다는 이들에게는 서울에서 가장 중요한 '뒤풀이 상권'이다. 경기에서 이기든 지든, 그날 하루 경기를 복기하며 팬들끼리 회포를 푸는 자리기 때문이다. 이날 역시 식당과 주점 곳곳에 LG 트윈스와 키움 히어로즈 유니폼을 입은 팬을 쉽게 찾아볼 수 있었다. 잠실새내역에서 호프집을 운영하는 박재이 씨(가명)는 "잠실새내 상권은 종합경기장에서 콘서트를 즐기거나, 야구장에서 경기를 보고 난 사람들이 방문하는 곳이다. 경기나 콘서트가 있는 날은 아무래도 손님들이 많이 오지만 행사가 없으면 손님도 없다. 야구 경기 있는 날과 없는 날 편차도 심한 편"이라고 설명했다

거리두기 해제 이후 매출 증가 상권 '톱10' 단위: 원, 개

순위	지역	증가액	점포 수 증감
1위	가로수길	572억2000만	67
2위	홍대입구역	552억2000만	179
3위	압구정로데오	297억	41
4위	논현역	275억2000만	29
5위	종로3가역	261억6000만	98
6위	교대역	243억3000만	33
7위	역삼역	241억6000만	15
8위	여의도역	229억7000만	34
9위	잠실새내역	218억5000만	38
10위	신림역	177억3000만	99

※ 올해 4~5월 기준(전년 동기 대비)　　　　　자료 : 나이스지니데이타

'잠실새내'라고 하면 고개를 갸우뚱하는 사람이 적잖다. 잘 들어보지 못한 생소한 지명이기 때문. 잠실새내역은 오랜 기간 사용해왔던 신천역이라는 이름을 버리고 2016년 잠실새내역으로 재탄생했다. 지하철 2호선 역인 '신촌역'과 발음이 헷갈린다는 지적이 이어진 데다 행정구역상으로도 '신천리'가 아닌 '잠실동'에 위치한 까닭이다.

잠실새내역은 서울을 대표하는 저녁 상권 중 하나다. 호프·맥주집과 유흥주점, 노래방, 나이트클럽 위주로 구성된 먹자골목이다. 하지만 코로나 팬데믹을 거치며 상권 분위기가 달라졌다. 유흥거리를 찾아오던 손님 발길이 줄어든 대신 내과·외과·소아과 등 의료 서비스 매출이 급증했다. 덩달아 일반 음식·소매·생활서비스업도 활기를 띠기 시작했다. 전형적인 먹자골목에서 이제는 '복합 상권'으로 진화에 성공한 잠실새내역 상권을 분석해본다.

사방이 고급 아파트… 풍부한 배후

● 야구 경기·콘서트 관람객의 '성지'

잠실새내역 상권은 사거리를 기준으로 지역이 4개로 구분된다. 4곳 중 상권이라고 할 수 있는 곳은 사거리 기준 왼쪽 남측에 위치한 먹자골목 상권 하나뿐이다. 왼쪽 위는 잠실 엘스, 오른쪽 위는 리센츠 아파트, 오른쪽 아래는 트리지움 아파트 단지가 위치해 있는 등 주변이 모두 20억원을 호가하는 고가 아파트로 둘러싸여 있다.

하필 왼쪽 남측 상권이 발달한 이유는 '잠실종합운동장' 위치와 무관하지 않다. 잠실새내역 4번 출구에서 도보로 5분 정도만 이동하면 잠실종합운동장이 모습을 드러낸다. 서울올림픽주경기장을 비롯해

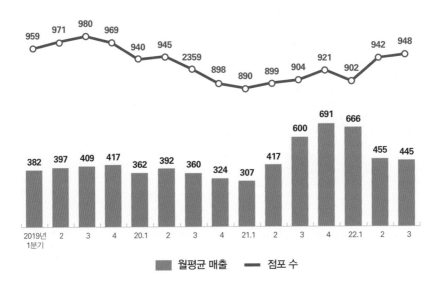

잠실새내 '대형화' '고급화' 트렌드 단위:억원, 개

959 971 980 969 940 945 2359 898 890 899 904 921 902 942 948

382 397 409 417 362 392 360 324 307 417 600 691 666 455 445

2019년
1분기 2 3 4 20.1 2 3 4 21.1 2 3 4 22.1 2 3

■ 월평균 매출 ― 점포 수

※ 매 분기 월평균 기준

자료:나이스지니데이타

잠실야구장, 수영장, 잠실파크골프장 등 체육시설과 매우 가깝다. 잠실야구장 코앞에 있는 지하철 2호선 '종합운동장역' 근처에는 제대로 된 먹거리 상권이 없다. 북쪽으로는 체육시설, 남측으로는 정신여중·고와 아시아공원이 위치한 탓에 유흥 상권이 들어올 자리가 없다.

덕분에 잠실새내 먹자골목 상권은 이중으로 배후 효과를 누리는 중이다. 인근에 소득 수준이 높은 아파트 단지가 대거 포진한 것은 물론 체육시설에서 문화생활

을 즐기고 나오는 관람객까지, 유동인구와 수요가 넘친다. 유흥 매장과 식당 위주로 구성된 먹자골목 상권 입지로는 최적의 조건이다.

21년엔 병원, 22년엔 외식업 '방긋'

● 저녁 상권 살아나며 숙박·유흥도 부활

먹자골목으로 긴 시간 명성을 이어온 잠

잠실새내역 매출, 어떤 업종이 많이 늘었나

단위:만원, %

순위	업종	증가액	증가율
1	한식·백반	6억8000	46.5
2	호프·맥주	6억1000	72
3	갈비·삼겹살	5억3000	46.4
4	일반 병원	5억2000	10.4
5	피부과	3억8000	24.1
6	편의점	2억8000	18
7	노래방	2억7000	87.7
8	약국	2억2000	18.9
9	중국 음식	2억1000	52.7
10	유흥주점	1억9000	527.6

※올해 3분기 월평균 기준(전년 동기 대비)　　자료:나이스지니데이타

최근 3개월 잠실새내역 '식신' 검색량 증가 음식점 순위

순위	매장명	주요 메뉴
1위	해주냉면	매운 비빔냉면
2위	스시산	스시 오마카세
3위	부산양곱창	한우 곱창, 막창구이
4위	남경막국수	막국수, 만두
5위	잠실물결	스키야키, 오마카세
6위	한국계	닭 특수부위 전문점
7위	안재식당	솥밥, 한식반상
8위	부일갈매기	돼지고기구이
9위	알라딘의양고기	아랍식 양고기구이
10위	파오파오	만두

※10월 24일 기준　　자료:식신

실새내역 상권은 코로나 팬데믹을 거치며 분위기에 변화가 생겼다. 사회적 거리두기가 본격화되면서 야구 경기나 대형 콘서트 등 문화 행사가 중단됐고 이 과정에서 상권으로 유입되는 인구 자체가 크게 줄었다.

대신 인근에 거주하는 주민들이 상권을 찾는 일이 늘었다. 소매·서비스업 같은 생활밀착형 업종이 급부상하며 상권이 재구성되고 있는 배경이다. 사회적 거리두기 해제 이후에는 그간 주춤했던 음식과 유흥 업종 매출까지 늘어났다. 상권

몸집과 다양성, 양쪽으로 한 단계 진화를 이뤄낸 모습이다.

이런 현상은 통계에서도 나타난다. '나이스지니데이타'에 따르면 2022년 3분기(7~9월) 잠실새내역 인근 상권의 월평균 매출은 코로나 팬데믹 이전보다 오히려 늘었다. 2022년 3분기 월평균 매출은 445억원으로 같은 기간 2019년 매출(407억원)보다 40억원 가까이 증가했다. 특히 2020년 360억원까지 쪼그라들었다가 2021년 600억원으로 급격한 성장을 일궈냈다.

먹자골목은 야구 경기와 콘서트를 즐긴 시민들이 뒤풀이를 하러 오는 상권으로 유명하다.

유독 2021년 3분기 매출 증가세가 컸던 배경에는 '의료 서비스' 업종의 선전이 자리 잡는다. 2020년 대비 음식 업종 매출이 373억원에서 286억원까지 줄어든 반면 같은 기간 의료 서비스 업종은 475억원에서 1287억원까지 3배 가까이 수직 상승했다. 코로나 팬데믹으로 일반 병원을 찾는 인근 주민이 늘어난 데다, 사회적 거리두기 기간을 틈타 피부과 · 성형외과 같은 미용 의료 서비스 매출이 급증한 덕분이다. 주시태 나이스지니데이타 팀장은 "코로나 팬데믹 발생 이후 먹자골목 내 위치한 식당이 대거 휴 · 폐업에 들어가면서 음식 시장 규모가 크게 줄었다. 대신 성형외과, 피부과 등 의료 서비스가 상권 매출을 끌어올리며 상권 대표 업종이 병원으로 전환되는 양상이 나타났다"며 "2022년 1분기 사회적 거리두기 해제 이후 의료 서비스 매출 감소세가 나타나기는 했지만 과거와 달리 상권의 주요 매출 구성 업종으로 자리 잡았다"고 설명했다.

2022년 3분기만 따져보면, 전년 대비 매출이 가장 많이 증가한 업종은 역시 외

잠실새내 상권의 강점 중 하나는 탄탄한 배후 수요다. 잠실에 사는 배후 인구가 안정적인 매출을 뒷받침한다.

식업군이다. 1위는 한식·백반(6억8000만원), 뒤를 이어 호프·맥주(6억원), 갈비·삼겹살(5억3000만원)이 나란히 2·3위를 차지하는 등 먹거리 매출이 크게 늘었다. 먹자골목에서 백가신흥정육식당을 운영하는 한 사장님은 "이곳 상권은 오후 7시부터 새벽까지 사람이 많다. 코로나 팬데믹 기간 때는 상권이 이른바 '죽었다'고 할 정도로 사람이 없었지만 현재는

회식도 늘고 단체 손님이 급증했다. 그래도 아직 코로나 이전 수준으로까지 회복했다고 보기는 어렵다"고 말했다.

상권 내 인기 맛집은 어디일까. 맛집 빅데이터 플랫폼 '식신'에 의뢰해 7~9월 동안 조회 수가 가장 많이 늘어난 식당을 추린 결과 매운 비빔냉면으로 유명한 '해주냉면', 트리지움 아파트 인근에 위치한 스시야 '스시산'이 순위에 올랐다. 이 밖

에도 일본식 스키야키와 오마카세를 선보이는 '잠실물결', 닭 특수부위를 전문으로 파는 '한국계', 아랍식 양고기구이로 유명한 '알라딘의 양고기' 등 이색 맛집이 상위권에 포진했다.

외식만 분위기가 좋은 것은 아니다. 일반 병원(4위), 피부과(5위), 편의점(6위), 노래방(7위), 약국(8위) 등 의료 서비스는 물론 소매 업종까지 매출이 골고루 늘어났다. 김도훈 나이스지니데이타 연구원은 "코로나 팬데믹 기간 주춤했던 잠실새내 음식업 매출은 2022년 2분기 이후 대형·고급화 경향이 나타나면서 회복하는 추세다. 음식업과 유흥시설 매출 회복으로 저녁에 강한 먹자골목 상권 특성이 다시 살아났고 숙박업과 노래방 등 여가·오락 서비스업도 동반 상승하는 경향이 포착된다. 한식, 중식, 분식, 커피 등의 점심부터 오후 시간대 음식업 매출도 큰 폭으로 증가했다"고 설명했다.

잠실새내역, 향후 전망은

● 야구·콘서트 외 탄탄한 수요 주목

잠실새내역 상권 전망은 밝다. 최근의 매출 흐름 추이, 배후인구 그리고 각종 호재를 고려하면 입지가 탄탄하다는 평

종합운동장역 인근에는 마땅한 상권이 없다. 때문에 야구, 콘서트를 즐긴 소비자들이 뒤풀이를 위해 잠실새내역으로 모여든다.

가다.

무엇보다 점포당 월평균 매출의 흐름이 좋다. 서울시 우리마을가게 상권분석 서비스에 따르면 잠실새내역 일대 상권은 2021년 3분기 월평균 매출 1126만원을 기록하며 저점을 기록한 후 꾸준히 우상향 그래프를 그리고 있다. 2022년 2분기에는 점포당 매출이 2164만원을 기록했다. 전년 2·3분기 대비 2배 가까이 올랐

다. 같은 기간 서울시와 송파구 점포의 월평균 매출이 꾸준히 감소했다는 점을 고려하면 잠실새내역 상권이 가진 경쟁력이 높다는 점을 알 수 있다. 같은 기간 월평균 매출 역시 486건에서 856건으로 급등했다.

잠실새내 상권의 또 다른 특징은 매출이 '골고루 발생한다'는 점이다. 흔히 상권은 회사 근처에 자리 잡은 오피스 상권 그리고 근처에 배후인구가 많은 주거지 상권, 이른바 '항아리 상권'으로 나뉜다. 오피스 상권은 직장인이 많은 주중에는 장사가 잘되다가도, 주말에는 매출이 뚝 떨어진다. 종로3가나 여의도가 대표적인 곳이다. 반대로 항아리 상권은 주말에만 장사가 잘되는 곳이 많다. 일산, 분당, 노원 등 베드타운이 밀집한 신도시 상권을 생각하면 쉽다.

다른 상권과 달리 잠실새내는 매출이 일주일 내내 골고루 발생하는 편이다. 토요일 매출 비중(18.7%)이 높은 편이지만 다른 주중인 월요일(14.6%), 화요일(14.5%)과 비교해도 매출 점유율의 큰 차이가 없다. 이는 상권 특징에 기인한다. 우선 배후인구가 많다. 잠실 리센츠, 잠실 엘스 등 대단지 아파트가 상권을 둘러싸고 있어서다. 배후인구가 많아 어느 정도 이상 수요를 꾸준히 확보할 수 있

새마을 전통시장을 비롯한 전통 상가는 주거지 상권의 '힘'이 작용하는 곳이다.

다. 주중에만 매출이 발생하는 일반 오피스 상권과는 차이가 난다는 의미다.

주요 소비 연령대도 다양하다. 잠실새내는 다른 먹자골목에 비해 연령층 분포가 고르게 나타나는 특징을 갖는다. 이 또한

코로나 팬데믹을 거치며 나타난 변화다. 과거에는 다른 먹자골목처럼 비교적 젊은 2030세대 소비와 3040 남성 소비 비중이 높았다면 최근에는 병·의원, 미용 서비스, 스포츠 시설 등이 증가하면서 연령대가 고르게 펴지는 경향이 뚜렷하다. 주시태 팀장은 "잠실새내 상권 전반에서 최근 여성을 겨냥한 업종과 마케팅 전략이 빠르게 확산하는 모습이다. 특히 주중과 점심~오후 시간대가 주력인 미용, 의류, 피트니스 센터 같은 업종이 앞으로도 더 활성화될 가능성이 크다"고 설명했다.

앞으로 호재도 적잖다. 잠실새내는 콘서트·야구 경기가 열릴 때마다 매출이 급등하는 지역이다. 코로나 팬데믹과 사회적 거리두기가 해제된 이후 콘서트 등 대형 문화 행사가 본격적으로 시작되고 있다. 잠실 주경기장과 실내경기장은 국내 가수들이 대형 콘서트를 여는 장소 중 하나다. 매일 경기가 열리는 야구도 2022년부터 관중 입장이 본격적으로 재개됐다. 잠실야구장은 LG 트윈스와 두산 베어스 구단 2개가 홈구장으로 사용한다. 타 구장에 비해 경기 수가 압도적으로 많다. 잠실새내역 먹자골목에서 식당을 운영하는 김정훈 씨(가명)는 "시간대별로 계속 손님이 방문한다. 오전에는 식사를 위해 찾는 직장인이, 오후에는 학업을 마치고

방문하는 10대가 많다. 오후 6시부터 10시까지는 퇴근한 직장인과 경기나 콘서트가 끝나고 오는 사람들이 주 손님"이라고 분위기를 전했다.

잠실새내역 상권 단점으로 지적되는 건 '부족한 확장성'이다. 주변이 아파트 단지와 학교, 체육시설로 둘러싸여 있어 상권이 더 커질 여지가 적고 개업할 수 있는 업종도 제한적이다. 상권 크기가 큰 먹자골목 상권은 이미 공실률이 0%에 가까운 상황이다. 먹자골목 인근에서 공인중개사무소를 운영하는 김미희 씨(가명)는 "잠실새내 메인 먹자골목은 공실이 없다고 보면 된다. 굳이 커피 전문점을 차린다고 가정해보면 보증금 1억원, 월세는 300만~400만원 선에서 형성돼 있다"며 "생활밀착형 업종이라면 주택가 상권을 눈여겨볼 필요가 있다. 주택 상권으로 들어가면 보증금은 2000만~3000만원, 월세는 100만~150만원 선으로 확실히 저렴해진다"고 들려준다.

부활 성공!
명동 프리덤

외국인 귀환으로 꽉찬 메인 거리
골목 구석구석은 MZ세대가 '찜'

2022년 10월 4일 오후 12시 지하철 4호선 명동역 6번 출구를 찾았다. 계단을 오른 뒤 명동의 상징과도 같은 '네이처리퍼블릭' 가게를 지나면 나오는 '명동 중앙로 상권'이 모습을 드러낸다. 코로나 팬데믹 당시, 마치 '좀비 도시'를 연상시켰던 황량한 모습은 이미 온데간데없다. 직장인은 물론 관광객으로 보이는 외국인까지, 드넓은 명동 거리가 다시 사람들로 붐빈다.

명동의 명물로 꼽히는 노상점포 앞에는 히잡을 쓴 외국인 여성들이 옹기종기 모여 음식을 먹고 있다. 공실 격

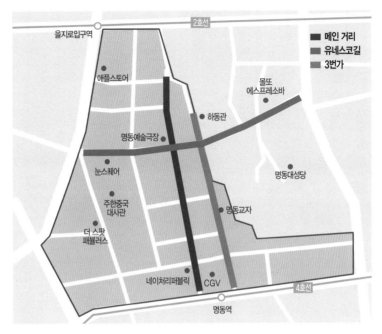

되살아난 명동 상권.

정도 옛날 얘기다. 명동역에서 명동예술극장으로 이어지는 메인 상권 거리는 빈 점포를 찾아보기 힘들다. 과거 흉물스러운 '임대 문의' 딱지가 여럿 붙었던 모습과는 분위기가 천지 차이다.

명동예술극장 사거리에서 동쪽으로 발길을 돌리면 나타나는 '명동성당'에도 방문객이 한가득이다. 특히 '뷰 맛집'으로 불리는 성당 앞 '몰또 에스프레소바'는 명동 성당을 배경으로 사진을 찍으려는 젊은 손님들로 북새통을 이룬다. 명동예술극장 서편에 위치한 유네스코회관 쪽 상권도 뜨겁다. 최근 신한은행이 명동에 문을 연 '카페스윗 쏠(SOL)' 앞에는 장사진이 펼쳐졌다. 카페에서 진행하는 이벤트를 즐기려는 20대 손님 줄은 끝이 보이지 않을 정도로 길다.

명동교자 쪽의 3번가 상권은 명동의 3대 상권 중 하나로 꼽힌다.

명동 인근에서 부동산 공인중개소를 운영하는 박진명 씨(가명)는 "과거 명동을 먹여 살리던 중국인 관광객은 아직 없지만 동남아와 중동, 유럽 등에서 오는 외국인이 많아졌다. 한국 사람도 많이 늘었다. 코로나19 이전 수준까지는 아니지만, 빠르게 회복하고 있는 것은 맞다"고 분위기를 전했다.

명동이 극적인 부활에 성공했다. 명동은 코로나 팬데믹 충격이 가장 컸던 상권 중 하나다. 매출 대부분을 차지하던 관광객

입국이 제한되면서 상권이 빠르게 침체됐고, 매스컴에서는 폐허와도 같이 변한 명동 거리를 연일 보도했다.

그러나 사회적 거리두기 해제 이후, 코로나 팬데믹 대명사로 꼽히던 명동이 달라졌다. 코로나 유행이 한창이던 2020년, 2021년의 모습과는 완전 딴판이다. 썰렁한 거리는 사람들로, 비어 있던 공실은 매장으로 들어찼다. 부활에 성공한 명동의 모습이다.

부활하는 명동 메인 거리

● 외국인의 귀환⋯꽉 들어찬 노점상

명동 상권은 크게 세 구역으로 나뉜다. 중앙로, 유네스코길(1번가), 그리고 3번가다.

중앙로 상권은 명동을 대표하는 '메인 거리'다. 명동역 앞 네이처리퍼블릭부터 하나금융그룹 명동사옥까지 이어지는 길로, 명동 상권을 세로로 관통한다. 흔히 명동 하면 떠올리는 지역이기도 하다.

유네스코길 상권은 명동 지역을 가로로 횡단하는 유네스코길 주변으로 형성된 지역이다. 명동성당부터 유네스코회관까지 이어진다. 3번가 상권은 명동을 대표하는 노포인 '명동교자'에서 '하동관'까지의 길목이다. 중앙로 상권 바로 옆에 붙어 있다. 가로수길로 치면 '세로수길'이라고 보면 된다.

2022년 하반기부터 너 나 할 것 없이, 세 상권 모두 활기를 띠고 있다. 하지만 자세히 들여다보면 부활의 양상은 저마다 조금씩 다르다.

먼저 중앙로 메인 거리 부활은 '외국인의

명동을 가로로 횡단하는 '유네스코길'은 힙한 가게들이 MZ세대의 발걸음을 잡는다.

귀환' 덕분이다. 명동을 상징하는 핵심 상권 중앙로는 코로나19 유행 이전만 해도 서울에서 가장 높은 임대료와 권리금을 자랑하는 'S급 상권'이었다. 끝없이 이어진 노점 행렬과 관광객으로 뒤덮인 중앙로는 한국 관광의 상징과도 같았다.

그러나 팬데믹으로 관광객 수가 급감하면서 중앙로 상권 신화도 막을 내렸다. 내국인 수요가 받쳐주던 홍대입구나 강남과 달리 중국인을 비롯한 외국인에만 의존하던 명동은 점포 평균 매출·유동인구가 90% 넘게 하락하는 수모를 맛봤다. 주춤하던 중앙로 상권은 '엔데믹'과 함께 옛 위용을 점차 되찾는 중이다. 해외 관광객이 다시 들어오면서 외국인 수가 늘어났다. 관광지식정보시스템에 따르면 2022년 8월 한국에 입국한 해외여행객 수는 31만945명. 2021년 8월 대비 220% 증가했다. 2022년 1월과 비교하면 283% 증가했다. 중국인 관광객이 빠진 자리를 유럽, 동남아 등지에서 온 외국인이 메꿨다. 비자 발급 절차가 완화된 이후 일본인 관광객이 늘어나고 있다는 점도 호재다.

명동 네이처리퍼블릭에서 만난 한 직원은 "한국 입국 시 PCR 검사 해제 이후 확실히 외국인이 많이 늘었다. 지역별로는 필리핀, 말레이시아, 싱가포르 관광객이 확실히 많고 중동 쪽 관광객도 간간히 보인다. 일본은 관광객의 무비자 입국 허가를 기점으로 유입이 늘고 있다"고 분위기를 전했다. 인근 ABC마트 직원 역시 "사회적 거리두기 해제 이전보다는 확실히 유동인구가 늘었다. 특히 외국인은 주로 베트남, 필리핀 등 동남아 사람들이 많이 온다"고 설명했다.

해외 관광객 수 증가는 명동 상권의 유동인구 상승세로 이어졌다. 소상공인 상권정보시스템을 분석한 결과 2022년 8월 명동 거리 일대 일평균 유동인구는 11만 5011명을 기록했다. 전년 동기 대비 36% 증가한 수치다. 계란빵, 탕후루, 꼬마김밥 등 다양한 종류의 먹거리 노점상 역시 다시 거리로 나왔다. 코로나가 한창이었을 때는 단 한 개의 노점상도 찾아보기 힘들었던 것과 대비되는 모습이다.

스페인에서 여행 왔다는 관광객 미셸 씨는 "이번이 두 번째 한국 방문이다. 명동은 호텔이 몰려 있는 데다 다양한 길거리 음식을 즐길 수 있어서 지난번에 이어 또다시 찾았다. 이제는 한국에서 스페인에 돌아갈 때도 격리를 하지 않아도 되기 때문에 휴가를 내 방문하게 됐다"고 말했다. 말레이시아에서 방문한 앤드류 씨는 "K-팝 팬이다. 아이돌 그룹 프로미스나인 공연 관람을 위해 한국에 방문했다.

명동성당 인근에는 힙한 카페와 와인바를 찾는 손님들의 발길이 끊이지 않는다.

명동은 공연이 열리는 KBS 아레나는 물론 서울 각지로 이동이 편해 좋다"고 말했다.

노점상 외에 메인 상권에 입점해 있는 매장 매출도 늘고 있다. 명동에서 성인용품 브랜드 레드컨테이너 직영점을 운영하는 강현길 레드컨테이너 대표는 "코로나19가 한창 유행했을 때보다 매출이 30~40%가량 회복된 것 같다. 2020년과 2021년에는 주말에도 한가하고 공실이 많아 침울한 분위기였는데 지금은 확실

히 관광객도 많아졌다. 길거리 노점상의 경우 두 달 전부터 빈틈없이 꽉 차 있다. 코로나 이전과 비슷하게 돌아가는 느낌"이라고 말했다.

유동인구가 부활하면서 공실 문제도 해결되고 있다. 명동 인근에서 공인중개사 무소를 운영하는 김정민 씨(가명)는 "메인 거리 상권 매물은 대부분 건물 통임대로 이뤄지고 가격대가 높아 주로 기업들이 들어온다. 코로나 팬데믹이 끝난 이후 대형 기업과 업체들의 입점 문의가 눈에

띄게 늘어나는 중이다. 내년 봄이나 상반기쯤 되면 현재 비어 있는 곳을 포함해 전체 90%가 차지 않을까 기대한다"고 말했다.

MZ가 사랑하는 '유네스코길'

• 인기 만점 테넌트 입점에 '방긋'

외국인 관광객 증가에 힘입어 부활한 메인 거리와 달리 '유네스코길'과 그 이면 골목 상권은 청년세대와 직장인 손님 증가에 힘입어 상승세를 보였다. 외국인 관광객이 유독 많이 보이는 메인 거리와 달리 유네스코길 행인을 살펴보면 2030세대 비중이 확실히 높다. 상권 곳곳에 젊은 세대를 끌어모으는 이른바 '키 테넌트' 매장이 들어서면서 드넓은 명동 상권에서도 새로운 핫플레이스로 떠오르는 중이다.

상권의 시작점인 명동성당 부근에는 카페들이 인기몰이를 한다.

명동성당을 배경으로 '힙'한 사진을 찍을 수 있어 인기를 끄는 '몰또 에스프레소바'와 최근 신한은행이 'MZ세대 유치'를 목표로 만든 '카페스윗 쏠'이 대표적인 명소다. 몰또 에스프레소바는 탁 트인 테라스 자리에서 명동성당이 곧바로 보이

최근 3개월 조회 수 가장 많았던 명동 맛집은

순위	매장명	주요 메뉴
1	명동교자	칼국수, 만두
2	하동관 명동본점	곰탕
3	딘타이펑	딤섬
4	개화	중식
5	명동돈가스	돈가스
6	몰또 이탈리안 에스프레소바	카페
7	산동교자	오향장육, 만두
8	명동피사 녕농본점	피자
9	쯔루하시 후게츠 명동점	오코노미야끼, 야끼소바
10	금산제면소	탄탄멘

※ 10월 5일 기준
자료 : 식신

는 근사한 뷰를 자랑하는 에스프레소바다. 이탈리아 현지 에스프레소바와 같이 에스프레소를 기반으로 하되 간단한 식사와 디저트를 제공한다. 코로나 팬데믹이 한창이던 2021년 문을 열었지만, 당시부터 지금까지 꾸준히 손님 발길이 이어지고 있다. 최정민 몰또 에스프레소바 대표는 "근래 들어 (유네스코길을 중심으로) 힙한 카페나, 와인바도 많이 생기고 맛집도 많이 들어섰다. 명동 상권 자체가 한국인에게도 매력적인 상권으로 변해가

국내에서 3번째로 들어선 명동 애플스토어는 국내 최대 규모다.

고 있다"고 설명했다.

카페스윗 쏠 역시 '인스타그래머블'한 인테리어와 풍경으로 젊은 세대를 사로잡았다. 카페스윗은 청각장애인들의 전문 직업 교육과 일자리 창출을 목적으로 운영되는 청각장애인 일자리 카페로 이번 명동점이 5번째 매장이다. 신한금융그룹 캐릭터 '신한 프렌즈'와의 컬래버레이션 매장으로, 장애인 작가를 포함한 신진 작가들의 '아트토이'도 감상할 수 있다. 카페스윗 쏠을 찾은 대학생 이유정 씨(가명)는 "귀여운 캐릭터 굿즈는 물론 장애인을 위한 사회적 가치까지 너무 매력적인 매장이다"라고 소감을 전했다.

이 밖에도 유네스코길은 최근 젊은 세대에게 인기가 많은 매장을 대거 유치하는 데 성공했다. 상권 중심에 위치한 '눈스퀘어'가 대표적이다. 2021년부터 대규모 환경 개선 공사를 시작하며 내부를 새로 단장했다. 특히 2021년 8월 눈스퀘어에 입점한 '나이키'의 디지털 콘셉트 스토어 '나이키 라이즈 플래그십 스토어'가 인기를 끌며 명동 부활을 견인하고 있다. 나이키 스토어를 비롯한 가게들의 활약으로 2022년 9월 눈스퀘어 방문객 수는 2021년 9월 대비 약 40% 증가했다.

2022년 4월 명동에 문을 연 '애플스토어'도 비슷한 맥락에서 해석 가능하다. 애플이 한국에 3번째로 선보인 애플스토어로, 국내 애플스토어 중 최대 규모다. 애플TV+를 포함한 최신 제품과 서비스를 직접 체험해볼 수 있는 것은 물론 아시아 최초로 전용 픽업 공간까지 마련해 온라인 주문 제품을 찾아가려는 손님들 발길이 끊이지 않는다.

부동산 컨설팅 기업 쿠시먼앤웨이크필드 관계자는 "명동 상권은 소형 브랜드 매장에서 대형 플래그십 매장 중심으로 전환되는 추세다. 특히 스포츠웨어 브랜드 강세가 눈에 띈다. 2021년에는 나이키와 아이더가 각각 플래그십 스토어를 오픈했고 2022년에도 글로벌 스포츠 브랜드 추가 개점이 예정돼 있는 등, 스포츠웨어가 명동 핵심 업종으로 부상하고 있다"고 설명했다.

명동교자, 하동관 등 명동 대표 노포가 들어선 '3번가' 역시 완연한 회복세를 보인다. 점심을 해결하려는 직장인 수요를 발판으로 공실률이 빠르게 줄어드는 모양새다. 명동교자와 하동관은 명동 전체를 통틀어도 여전히 가장 인기가 높은 매장 1·2위를 다툰다. 맛집 빅데이터 플랫폼 '식신'에 따르면 2022년 7~9월 내 명동에서 검색량이 가장 많이 늘어난 음식점 1위는 명동교자, 2위가 하동관이었다. 명동교자와 하동관을 제외하면 딘타이펑(3위), 개화(4위), 산동교자(7위) 등 중국 음식점이 강세를 보였다.

3번가 상권 임대료와 권리금이 다른 메인 상권보다 상대적으로 저렴한 것도 회복에 도움이 됐다. 다른 곳과 달리 비교적 소규모 식당과 소매업 매장 위주로 가게들이 들어서고 있다. 명동에서 공인중개사사무소를 운영하는 강인수 씨(가명)는 "3번가는 점포 95% 정도가 차 있는 상황이다. 코로나 이전에 있던 권리금이 이제는 사라지고 임대료도 한시적으로 할인해주는 건물주가 늘어나면서 상권 분위기 전반에 활기가 돈다. 예를 들어 월세가 1500만원이라고 치면, 개업 초기에는 1200만원만 받다가, 사업이 안정적으로 자리 잡고 나면 1500만원을 모두 받는 형태로 운영하는 건물이 많다. 명동이라는 입지를 높이 평가하는 예비 창업자 입장에서는 매력적인 선택지"라고 설명했다.

명동 상권, 상승세 계속될까

● 반등 성공…옛 영광 재현까지는 아직

부활의 기지개를 켜는 명동 상권이지만, 옛 영광을 재현하기에는 아직 이르다는 게 부동산업계 중론이다.

위치별로 온도 차가 심하다는 게 가장 큰 문제다. 언급한 주요 3개 상권 이외에 다른 이면 골목 공실률은 여전히 높다. 외국인 관광객이 늘었지만 과거 물품을 '쓸어가다'시피 하던 중국인 관광객처럼 구매력이 높은 관광객은 적다. 유네스코길 뒷골목 상권인 1번가 상권의 경우 여전히 공실률이 70%에 달한다(2022년 10월 기준). 한 부동산업계 관계자는 "1번가 지역의 경우 코로나19 유행이 한창이던 때는 거의 100% 폐업했다. 그때보다야 사정이 나아졌지만, 과거처럼 'S급 상권' 위용은 여전히 못 찾고 있다"고 설명했다.

실제로 한국부동산원 통계에 따르면

2022년 1분기 기준 명동 상권의 중대형 상가 공실률은 40%에 달한다. 3개 메인 상권 회복세에도 불구하고, 이면 골목 상권이 살아나지 못하면서 공실률이 좀처럼 줄지 않는 모습이다. 공실률은 앞으로도 줄어들지 않을 가능성이 크다. 막대한 임대료 때문이다. 과거에 비하면 많이 낮아졌지만 다른 서울 주요 상권에 비하면 명동 상권 임대료는 매우 높다. 명동 중대형 상가의 ㎡당 임대료(1층 기준)는 18만1900원이다. 강남(10만5000원), 홍대입구(6만7000원) 등 다른 메인 상권보다도 압도적으로 비싸다. 권강수 상가의신

명동 메인 상권은 부활했지만, 골목 상권까지는 완전히 부활하지 않았다. 골목은 여전히 공실률이 높다.

명동 상권이 부활의 기지개를 켠다. 점심시간 명동 메인 거리는 인파로 북적인다.

대표는 "명동은 유동인구 편차가 과거부터 심했다. 명동을 방문하는 고객들은 메인 상권 위주로만 다니는 경향이 강하다. 코로나19 유행 이후 더 심해졌다. 주요 상권 부활에도 불구하고, 명동 상권 전체 공실률이 여전히 높고 점포당 매출이 여전히 부진한 이유다. 명동에 창업을 준비하고 있는 사람이라면 상권 부활에 혹하지 말고, 세세하게 현장을 들여다봐야 할 것"이라고 설명했다.

명동 매출을 책임지던 중국인 관광객 부재도 완전한 부활의 걸림돌이다. '유커'로 불리며 국내산 제품을 사들였던 중국 관광객은 명동 상권의 '핵심 고객'이었다. 2020년부터 명동에서 발생한 공실 중 약 56%는 화장품 업종이 입점했던 공간이다. 팬데믹 장기화로 중국인 관광객이 줄어든 영향이 크다. 화장품은 중국인 관광객이 한국에서 가장 많이 샀던 상품이다. 명동에서 노점상을 운영하는 한 가게 주인은 "외국인 손님이 많아지면서 활기를 띠고는 있지만, 과거만큼의 호황은 아니

명동 상권에 외국인이 귀환하면서 매출이 급격히 상승세를 띠고 있다.

다. 명동은 중국 관광객 없이는 살아남기 힘들다. (중국인 없이) 코로나 이전으로 과연 돌아갈 수 있을지 의문이다"라고 우려를 표했다.

명동 외에 서울 내 다른 상권 약진도 명동 입장에서는 골칫거리다. 과거 외국인에게는 '한국=명동'이라는 공식이 머릿속에 뚜렷했다. 지금은 다르다. SNS와 맛집 플랫폼이 글로벌화되고 대중화되면서 홍대, 성수, 용산, 이태원 등 다른 선택지를 찾는 외국인이 늘어나고 있다. 골목

상권이 활성화되면서 국내 외국인 관광지도 다변화되고 있는 셈이다.

홍대에서 주점을 운영하는 김승아 씨(가명)는 "홍대처럼 이제 명동 못지않게 외국인이 몰리는 상권이 많아졌다. 물어보면 과거에 명동을 간 적이 있지만 이제는 새로운 곳을 찾는 수요가 늘어나고 있다고 한다. 노상점포 먹거리 외에도 외국인에게 어필할 수 있는 명동만의 특색을 다시 정립해야 할 필요가 있어 보인다"고 말했다.

윤석열 시대, 전성기 맞은
'용산역' 상권

"고맙다 아모레"…대세 떠오른 '용리단길'
효뜨·쌤쌤쌤…유명 매장마다 2030 오픈런

10월 19일 오후 11시 30분 찾은 지하철 4호선 신용산역 1번 출구. 30분 전까지만 해도 한산했던 골목이 순식간에 인산 인해로 변한다. 아모레퍼시픽 본사에서부터 지하철 4·6호 선 삼각지역 쪽으로 이어지는 골목길을 일컫는 이른바 '용 리단길'에 점심 식사를 해결하기 위한 직장인이 쏟아져 나 오는 풍경이다. '쌤쌤쌤' '테디뵈르하우스' '꺼거' 같은 이름 난 맛집 앞에는 오픈 시간보다 훨씬 이른 11시부터 일찌감 치 대기 손님이 길게 줄을 서 있다. 이국적인 외관 인테리어 를 자랑하는 여러 음식점 건물 앞에서는 포즈를 취하고 있

는 2030세대를 어렵지 않게 찾아볼 수 있다. 스마트폰 카메라 셔터 터지는 소리가 쉴 새 없이 들린다. 점심시간이 지난 2시에도 웨이팅은 끊이질 않는다. 한 매장 앞에서는 "현재 웨이팅 고객이 40팀"이라는 직원 말을 듣고 발길을 돌리는 손님도 다수다. 용리단길 인근 공인중개사무소 대표 김주영 씨(가명)는 "같은 용산구기는 하지만 이태원보다도 용리단길이 훨씬 핫하다. 용산에서 초·중·고를 나와 40년 이상 살고 있는데, 평일이고 주말이고 사람이 이렇게 많은 건 요즘이 처음이다. 최근 용리단길 한 음식점 건물이 매물로 나왔는데 190억원을 부를 정도로 난리"라며 분위기를 들려줬다.

'용산' 상권이 새로워졌다. 과거 몇몇 노포만이 드문드문 포진해 있던 용산역 골목은 최근 트렌디한 가게들이 대거 들어서며 아예 분위기 자체가 달라졌다. 근처에서 근무하는 직장인과 인근 주민들이 주로 찾던 용산역 상권은 아모레퍼시픽 신사옥과 용리단길이 급부상하면서 이제 전국에서 MZ세대가 가장 많이 방문하는 '힙'한 상권 중 하나로 발돋움했다. 윤석열 대통령 집권 이후에는 대통령실까지 용산으로 이전해오며 상권 활성화에 더욱 탄력을 받는 모습이다. 포스트 코로나 시대, '용산역' 상권은 서울에서 가장 주목받는 상권 중 하나로 떠올랐다.

용리단길·삼각지·열정도

● 가깝고도 먼 용산 상권 3형제

용산역 상권은 크게 보면 4곳으로 구분할 수 있다. 첫째, 신용산역 동편 아모레퍼시픽 본사에서부터 삼각지역까지 이어지는 골목인 '용리단길', 둘째, 삼각지역 인근 노포 위주로 형성돼 있는 '삼각지 상권', 지하철 1호선 남영역 서편에 자리 잡은 '열정도 상권', 마지막으로 지하철 1호선 용산역 뒤쪽 용산전자상가와 원효전자상가가 위치해 있는 '전자상가 상권'이다. 하지만 전자상가 상권은 상가 내부에 자리 잡은 '몰 상권'이 주를 이룰 뿐, 주변 로드숍 매장은 사실 많지 않다. 결국 용리단길, 삼각지, 열정도, 이렇게 3개

최근 3개월 용산·삼각지 상권 조회 수 높은 맛집

순위	매장명	주요 메뉴
1	몽탄	우대갈비 짚불구이
2	남영돈	돼지고기구이
3	쌤쌤쌤	파스타, 샐러드
4	원대구탕	대구탕
5	초원	소고기 특수부위 구이 전문
6	효뜨	쌀국수, 베트남 요리
7	어프로치	브런치 카페
8	꺼거	홍콩 스타일 중식
9	봉산집	차돌박이, 양구이
10	문배동육칼	육개장 칼국수

※ 10월 17일 기준   자료 : 식신

상권으로 나뉜다고 볼 수 있다.

위 세 상권은 거리상으로는 차이가 거의 나지 않지만, 상권별 특성이 명확하게 구분된다. 상권마다 활성화된 업종이나 요일, 주력 소비층이 판이하다.

O리단길 종결자 '용리단길'

● 이국적인 '맛집'에 MZ세대 열광

2010년대 서울 이태원 '경리단길'이 '힙'한 상권의 상징으로 떠오르면서 그 이름을 딴 'O리단길' 상권이 서울에 참 많이 도 생겼다. 망원동 '망리단길', 송파와 석촌호수 인근 '송리단길', 창동 쌍문역 일대 '쌍리단길', 흑석동 옆으로 형성된 '흑리단길' 등이 대표적이다.

하지만 최근 모습만 보면 경리단길의 '적자'는 '용리단길'로 굳어지는 모습이다. 용산과 경리단길의 합성어 용리단길은 아모레퍼시픽 본사에서 삼각지까지 이어지는 골목길 상권을 말한다.

용리단길과 경리단길은 비슷한 점이 한둘이 아니다. 한적한 골목길에 자리 잡았다는 점, 여기에 낡은 건물 외관과 인테리어를 그대로 살린 매장이 많이 들어섰다는 점이 대표적이다. 이국적인 분위기를 풍기는 매장이 많다는 것도 공통점이다. 베트남 식당 '효뜨', 멕시코 음식점 '버뮤다 삼각지', 이탈리아 포카치아 전문점 '포카치아 델라 스트라다', 스페인 타파스 전문점 '타파코파' 등이 현지 분위기를 그대로 살린 매장으로 유명하다. 이윤화 다이어리알 대표는 "코로나 이슈로 해외여행이 막혀 있는 상태에서 용리단길의 이국적인 분위기는 더욱 매력적인 요소로 작용했다. '효뜨'의 경우 1000만 관객을 동원한 범죄도시2 베트남 신 촬영 장소로 활용될 정도로 이곳 식당들은 현지 구현을 잘했다는 평가를 받는다"고 말했다.

한 명의 셰프가 인근에 여러 개 매장을 운영하는 경우가 많다는 점도 경리단길과 비슷하다. 경리단길에 '장진우 셰프'가 있다면 용리단길에는 '남준영 셰프'가 있다. 남준영 셰프는 2019년 '효뜨'를 시작으로 2020년 베트남 음식점 '남박', 2021년 홍콩식 중식당 '꺼거', 한식당 '사랑이 뭐길래' 등 용리단길에서만 6개 브랜드 매장을 운영한다. 이 밖에도 미국 샌프란시스코 해변을 연상케 하는 양식 맛집 '쌤쌤쌤'을 운영하는 김훈 대표는 줄 서서 먹는 베이커리 카페 '테디뵈르하우스'로 연타석 홈런을 쳤다. 일본 지브리 스튜디오 감성으로 외관과 내부 인테리어를 꾸민 '카페 도토리' 역시 인근에 위치한 꼬치국수 전문점 '대림국수'와 주인이 같다.

용리단길이 급부상한 지는 3년이 채 되지 않는다. 용리단길이 본격적으로 유명해진 것은 코로나 팬데믹이 한창이던 2021년 2분기다. 나이스지니데이타가 용리단길 상권 매출을 분석한 결과 2019년 2분기 용리단길 월평균 매출은 82억원에 불과했다. 코로나 팬데믹이 시작된 2020년 2분기 86억원으로 늘더니 2021년 2분기에는 104억원, 2022년에는 162억원까지 급증했다. 3년 만에 매출이 2배 가까이 뛴 셈이다. 같은 기간 삼각지 상권 매

[위에서부터] 긴 대기 줄을 자랑하는 테디뵈르하우스, 미국 샌프란시스코가 콘셉트인 용리단길 유명 맛집 '쌤쌤쌤'.

출은 75%, 열정도 상권은 9% 증가하는 데 그쳤다.

용리단길에 호재가 워낙 많았다. 아모레퍼시픽, LG유플러스, 하이브 등 굴지의 대기업 신사옥이 인근에 둥지를 틀었고 더불어 래미안용산센트럴파크, 용산푸르지오써밋, 용산센트럴파크해링턴스퀘어

[위에서부터] 남준영 셰프가 용리단길에서 운영하고 있는 베트남 식당 '효뜨', 남 셰프가 2021년 또 다른 곳에 문을 연 홍콩식 중식당 '꺼거', 일본 지브리 스튜디오 감성의 '카페 도토리'.

등이 줄줄이 입주를 시작하며 배후인구 자체가 크게 늘었다. 낙후되고 상대적으로 저렴한 이면도로 상권을 눈여겨본 자영업자들이 특색 있는 가게를 내기 시작하면서 용리단길 인기가 폭발했다.

'쌤쌤쌤'과 '테디뷔르하우스'를 운영하는 김훈 대표는 "상권 배후 조건이 워낙 좋아서 입점을 결심했다. 아모레퍼시픽, 하이브 등 대기업 상권이 받쳐주고 있고 근처에는 MZ세대가 많이 거주하는 청년주택을 포함해 대형 아파트 단지가 많아 주거 상권도 탄탄하다. 인근에 직장인이 많지 않은 이태원이나 경리단길보다 훨씬 낫다는 판단을 했다"고 말했다.

용리단길에는 앞서 살펴본 것처럼 음식점 위주로 상권이 형성돼 있다. 나이스지니데이타에 따르면 2022년 8월 기준 용리단길 월평균 매출은 152억원, 그중 음식 매출이 76%를 차지할 정도로 외식 업종 매출 비중이 높다. 소매·유통(14.6%), 생활 서비스(4.1%)와 비교하면 압도적이다. 주시태 나이스지니데이타 팀장은 "코로나 팬데믹이 시작된 2020년 1~2분기에도 용리단길은 다른 주요 상권에 비해 매출 감소폭이 적었다. 2020년 3분기부터 2021년 1분기까지 매출이 지속 감소하기는 했지만 2021년 2분기 이후 반등하면서 상권이 급격하게 성장했

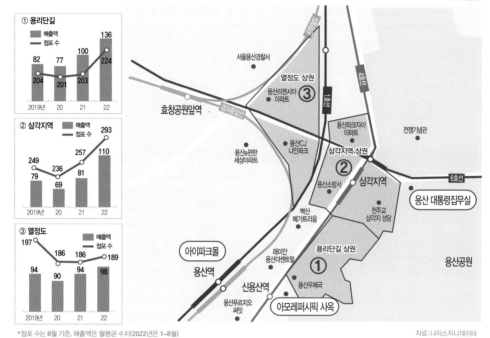

단위 : 억원, 개

① 용리단길
■ 매출액
— 점포 수

82　　77　　100　　136
204　　201　　203　　224
2019년　20　21　22

② 삼각지역
■ 매출액
— 점포 수

249　236　257　293
79　　69　　81　　110
2019년　20　21　22

③ 열정도
■ 매출액
— 점포 수

197　186　186　189
94　　90　　94　　98
2019년　20　21　22

*점포 수는 8월 기준, 매출액은 월평균 수치(2022년은 1~8월)

서울용산경찰서
열정도 상권
용산리첸시아 아파트 ③
효창공원앞역
경의중앙선
용산파크자이 아파트
전쟁기념관
용산CJ 나인파크
용산누편한 세상아파트
삼각지역·상권 ②
6호선
삼각지역
용산소방서
용산 대통령집무실
벽산 메가트리움
천주교 삼각지 성당
아이파크몰
래미안 용산더센트럴
용리단길 상권 ①
용산공원
용산역
신용산역
용산우체국
용산푸르지오 써밋
아모레퍼시픽 사옥

자료 : 나이스지니데이타

최근 4년 용산역 상권별 매출·점포 수 추이. © 매경이코노미

다. 특히 음식업 성장세가 크게 나타나면서, 소매업과 생활 서비스업의 동반 상승 효과가 나타나는 모습"이라고 분석했다.

삼각지·열정도도 '낙수 효과'

● 코로나 팬데믹 이전보다 매출 UP

나머지 두 상권 역시 용리단길 인기에 힘입어 '낙수 효과'를 누리는 모습이다. 삼각지 상권은 용리단길이 끝나는 지점부터 시작해 삼각지역 근방을 둘러싼 상권이다. 용리단길과 비교하면 과거부터 오랜 기간 운영해온 노포가 많다. 40년 넘는 세월 동안 운영하며 양·곱창·차돌박이 등 특수부위를 전문으로 팔아온 '평양집'을 비롯해 차돌박이 막장찌개로 유명한 '봉산집', 생삼겹살과 주꾸미를 같이 파는 '동해식당' 역시 수십 년 동안 자리를 지켜왔다. 삼각지역 14번 출구 이면도로에 자리 잡은 '삼각지 대구탕 골목'에도 수십 년간 장사를 해온 노포가 즐비하다.

용산역 매출, 어떤 업종이 많이 늘었나   단위:원

용리단길

순위	업종	증가액
1	한식·백반	9억
2	커피 전문점	3억1000만
3	양식	3억
4	곱창 양구이	2억4000만
5	일식	2억2000만

삼각지

순위	업종	증가액
1	갈비·삼겹살	6억1000만
2	한식·백반	5억7000만
3	커피 전문점	2억7000만
4	일식	2억2000만
5	횟집	1억3000만

열정도

순위	업종	증가액
1	슈퍼마켓	1억4000만
2	한식·백반	9400만
3	갈비·삼겹살	8600만
4	편의점	6400만
5	헬스클럽	5700만

※전년 대비 올해 8월 기준   자료 : 나이스지니데이터

MZ세대가 용리단길을 드나들기 시작하면서 삼각지 상권도 같이 반사이익을 보고 있다. 레트로 감성을 좇는 젊은 세대 방문이 눈에 띄게 늘어난 것. 2022년 8월 기준, 삼각지 상권 매출액은 2019년 대비 40% 가까이 늘었다. 점포 수 역시 50개 가까이 늘며 같은 기간 20개 점포 증가에 그친 용리단길 상권보다 창업도 더 활발했다. 류호준 나이스지니데이터 매니저는 "2019년 이후 삼각지 상권은 용리단길 상권과 굉장히 유사한 발달 과정을 보여준다. 코로나 팬데믹을 거치며 30~50대 남성 고객이 많이 늘어난 열정도 상권과 달리 두 상권은 모두 2030 여성 매출이 늘어나는 모습을 보인다. 음식업 매출이 전체 매출 증가를 견인하고 있다는 점도 비슷하다"고 분석했다.

'열정도 상권'은 삼각지역 서편에 위치한 지하철 1호선 남영역 이면도로에 위치한 상권이다. 일부러 찾지 않으면 다다르기 힘든 곳이지만, 평일 저녁에도 곳곳에 웨이팅이 이어질 만큼 관심도가 높다. 대부분 2층 수준의 오래된 건물인 데다 매장 면적도 작아, 용산 3개 상권 중 가장 소박한 모양새다.

열정도 상권은 과거 인쇄소 골목이었다. 하지만 2014년 청년 창업가 6명이 모여 '청년 장사꾼'이라는 회사를 만들고 저마다 '열정도'라는 이름을 내걸고 매장을 열기 시작하면서 복합 상권으로 탈바꿈하기 시작했다.

아모레퍼시픽 본사에서 삼각지역까지 이어지는 '용리단길' 상권 길목.

'열정도쭈꾸미' '열정도고깃집' 등이 유명하다.

열정도를 찾는 고객 연령대는 앞서 소개한 두 상권보다는 비교적 높은 편이다. 외지에서 찾아오는 고객보다는 동네 주민과 주변 오피스 직장인이 자주 찾기 때문이다. 열정도 골목은 더프라임아파트, 리첸시아아파트, 웰츠타워아파트 등 주택 단지로 둘러싸여 있다. 열정도에서 7년째 매장을 운영하고 있는 김운석 열정도쭈꾸미 대표는 "평일에는 오피스 직장인이 많다 보니 연령대가 높은 편이다. 주변 아파트에서 찾아주는 소비자도 많다"고 말했다.

사회적 거리두기 해제 이후, 열정도 상권도 과거 주춤했던 매출이 완전히 회복된 모습이다. 2019년 2분기 100억원이었던 월평균 매출은 2021년 1분기 81억원까지 떨어졌다가 2022년 8월에는 109억원으로 제자리를 찾았다. 열정도 상권 한 매장에서 4년째 일하고 있는 김지현 씨(가명)는 "열정도고깃집 같은 유명 매장은 코로나19 전보다도 매출이 두 배씩 뛰었다. 유동인구가 회복됐을 뿐 아니라 특히

신용산역 인근 센트럴파크 앞.

손님 응대 시 젊고 밝은 이미지를 주려고 끊임없이 노력한 결과"라고 설명했다.

다만 열정도를 바라보는 우려의 시선도 있다. 2015년 무렵 전성기와 비교하면 매출이 지지부진한 데다 주변 용리단길과 삼각지역 상권 활성화로 고객이 유출되고 있다는 평가도 나온다. 류호준 매니저는 "열정도는 주변 지역 대부분이 주거지로 구성된 탓에 더 이상 상권 영역 확대가 어렵다는 한계를 갖는다. 점포 수 역시 2019년 197개에서 최근 189개로, 감소폭이 크지는 않지만 줄었다"고 말했다.

용산역 상권, 향후 전망은

● 정권발 호재에 탄탄한 배후 수요

용산역 상권 전망은 밝은 편이다. 구매력 있는 인근 주민과 직장인 수요가 탄탄한 데다, 여러 개발로 인한 유동인구 증가까지 더해지면서 잠재력이 높다는 평가를 받는다.

용산 상권을 둘러싼 가장 큰 이슈는 역시 '정권발' 호재다. 2022년 상반기 대통령실 이전 덕에 유동인구 자체가 늘었다. 알스퀘어가 부동산업계 종사자를 대상으로 실시한 설문조사 결과, 응답자의 58.6%가 "대통령실의 용산 이전은 상권에 긍정적"이라고 답했다. '경호 강화' '시위' 등으로 상권에 오히려 부정적인 영향을 끼칠 수 있을 것이라는 우려가 있었지만, 상권 반응은 긍정적이다. 숙대입구역 인근에서 고깃집을 운영하고 있는 김미화 씨(가명)는 "대통령실 이전 이후 손님이 늘었다. 여러 뉴스로 이슈가 되는 것 자체가 주목을 받는 것이기 때문에 상권에는 긍정적이라고 본다"고 전했다.

앞으로 개발 호재도 여럿 남아 있다. 미군기지 반환 이후 용산공원이 조성되고 있고, 일부는 임시 개방되기도 했다. 여기에 용산정비창을 용산 업무지구로 탈바꿈시키는 등의 내용을 포함한 '오세훈표 용산 개발' 계획도 착착 진행 중이다. 용산 상권의 '진짜 호재'는 주변 아파트에 있다는 게 전문가 의견이다. 대단지 아파트가 다수 위치해 있는 데다 앞으로 재개발 가능성이 높은 단지도 수두룩하다. 김영갑 한양사이버대 교수는 "용산 상권은 이촌을 중심으로 고소득층이 거주하는 대규모 아파트가 둘러싸고 있다. 이렇게 구매력 좋은 소비층을 소화할 만한 상권이 여태까지는 주변에 없었던 만큼 용산 상권이 수혜를 톡톡히 받는 모습"이라고 평가했다.

'신흥 상권'으로서 임대료 상승분을 5% 내로 제한하는 임대차보호법의 수혜도 입었다. 보통 'ㅇ리단길' 같은 신흥 상권 중 대다수는 '젠트리피케이션' 폐해를 겪어왔다. 젊은 창업가들이 임대료가 싼 곳에 몰려왔다가 임대료가 급등한 이후에는 결국 쫓겨나는 양상이 반복돼왔다. 하지만 용리단길을 비롯한 용산 상권은 이제 막 상권이 형성되기 시작했다는 점에서 다르다. 최근 새로 매장을 차린 창업가는 임대차보호법으로 과거 흥했던 여타 상권에 비해 좀 더 오래 임대료 상승을 방어할 수 있게 됐다. 수명이 보다 길 것이라는 얘기다.

다만, 살인적인 임대료는 여전히 리스크다. 2022년 들어 워낙 '핫플'로 주목받는 데다 맞은 편 용산 상권 재개발로 자영업자 이주 수요가 늘어나면서 임대료와 권리금이 더 뛰었다. 아모레퍼시픽 본사 근처에서 공인중개사무소를 운영하는 구영민 씨(가명)는 "현재 용산, 특히 용리단길 공실률은 '제로'라고 봐도 무방하다. 월세는 250만~300만원에 권리금은 1억 5000만원 이상이다. 최근에는 월세 750만원을 내고 커피 전문점을 차린 사장님도 있다. 2022년 이후 입점하는 이들은 상대적으로 높은 리스크를 안을 수밖에 없다"고 말했다.

New 핫플레이스
'신당동'

을지로·성수동 부럽지 않다
레트로 신흥 강자 '힙당동' 상권

서울 6호선 신당역 1번 출구를 나와 왼쪽으로 걸음을 옮기면 서울 3대 시장 중 하나인 '서울중앙시장'이 모습을 드러낸다. 외관은 옛날 재래시장과 다를 바 없다. 그러나 시장을 찾는 손님의 구성은 다른 전통시장과 확연한 차이가 난다. 시장 곳곳에서 20대와 30대 손님을 쉽게 볼 수 있다. 노년층 고객 비중이 높은 일반적인 전통시장과 다른 모습이다. 각종 유튜브에 등장하며 화제의 맛집으로 떠오른 '옥경이네건생선'과 어묵으로 유명한 '산전'을 중심으로 젊은 세대 발길이 끊이지 않는다. 서울중앙시

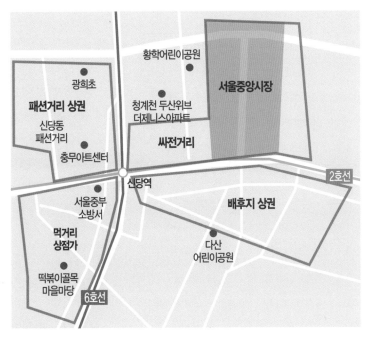

신당동 상권 지도. ⓒ매경이코노미

장 상인회 관계자는 "중앙시장은 본래 식료품을 파는 가게만 가득했다. 2013년 옥경이네건생선을 필두로 시장에 외식 업종 가게들이 진출했다. 2022년 초 유튜버와 SNS 인플루언서가 중앙시장을 방문하기 시작하면서 젊은 손님이 눈에 띄게 늘었다"고 설명했다.

중앙시장에서 왼쪽으로 방향을 틀면 쌀가게들이 모여 있는 '싸전거리'가 나타난다. 겉만 보면 쌀가게가 모여 있는 허름한 골목이다. 싸전거리의 진면목은 내부로 깊숙이 들어가야 나온다. 쌀가게 사이로 '힙'한 카페와 식당 그리고 칵테일 바 등이 들어서 있다. 점집으로 외관을 꾸민 '주신당'과 알곤이칼국수로 유명한 '하니칼국수' 앞은 대기하는 손님으로 인산인해를 이룬다. 주신당을 운영하는 장지호

신당 상권 핫루키 맛집 순위

순위	매장명	주요 메뉴
1	옥경이네건생선	반건조 생선, 갑오징어
2	하니칼국수	알곤이칼국수, 전골 등
3	마복림떡볶이	즉석떡볶이
4	계류관	장작구이통닭
5	연해장	곱창전골
6	우육미	한우 티본 스테이크
7	주신당	스피크이지바
8	백송	소고기구이
9	미국식 신당점	수제버거
10	은화계 신당점	숯불닭구이, 닭 특수부위
11	디핀	내추럴 와인바
12	영남 순대국	순댓국

※ 11월 14일 기준(최근 3개월간 조회 수 상승순)　　　　　　자료 : 식신

TDTD 대표는 "외식업에 일가견 있는 사람들이 신당 일대로 점점 모여들고 있다. 신당만의 독특한 색깔 덕분에 매력적인 상권이 되고 있다. 향후 을지로와 성수의 뒤를 잇는 상권으로 성장할 것"이라고 귀띔했다.

'무당촌'과 '떡볶이타운' 이미지가 강하던 신당동이 급변하고 있다. 20대와 30대를 비롯한 젊은 세대가 앞다퉈 찾는 '힙'한 상권으로 변모 중이다. 가게들이 계속

빠져나가 을씨년스러운 분위기를 풍기던 싸전거리 골목은 독특한 감성을 내세운 카페가 속속 들어오면서 MZ세대의 '인스타 성지'로 떠올랐다. 평범한 재래시장에 불과했던 중앙시장은 '미식가의 성지'로 이름을 날리며 '핫플레이스'로 부상했다. 을지로와 성수동에 버금가는 '힙당동'으로 변신하는 신당동은 지금 어떤 모습일까.

떡볶이·무당촌 이미지는 잊어라

● 중앙시장·싸전거리 힙당동 등극

신당동 상권은 크게 4곳으로 나뉜다. 충무아트센터 뒤로 펼쳐진 '패션 거리', 떡볶이타운을 중심으로 한 먹거리 상점가, 주택가 인근에 위치한 배후지 상권 그리고 서울중앙시장 상권이다.

패션 거리는 동대문 시장 일대와 연결된 지역이다. 낮이 아닌 새벽에 장사를 하는 패션 도매상가 특성상 가게 대부분이 새벽과 아침에 영업을 한다. 주 고객은 새벽과 아침에 일을 마치고 퇴근하는 도매상가 직원이다. 일반적인 상점가라기보다는 특수 상권에 가깝다. 동대문 도매상가 상인들 사이에서 입소문을 타고 전국적인 프랜차이즈로 성장한 '동대문엽기

신당동은 '떡볶이타운'으로 널리 알려졌다.

떡볶이'가 탄생한 곳이기도 하다.

패션 거리를 지나 중부소방서를 지나면 먹거리 상점가가 나온다. 1970년대 후반부터 조성된 '신당동 떡볶이타운'을 중심으로 가게들이 몰려 있다. 과거부터 이름을 날린 떡볶이타운은 코로나19 유행 이후 기세가 한풀 꺾였다. 2020년부터 '은화계' '백송' '미국식' 등 새로운 맛집이 등장하며 상권 매출을 이끌고 있다.

먹거리 상점가 옆에 위치한 배후지 상권은 타 상권에 비해 규모는 작지만 '알찬' 상권으로 꼽힌다. 대규모 아파트 단지와 오피스텔이 근처에 있어 배후 수요가 탄탄한 덕분이다. 곱창 요리로 유명한 '연해장'과 맑은 순댓국으로 잘 알려진 '영남순대국' 등이 상권을 대표하는 가게다.

앞선 3개 상권이 '과거' 신당동을 대표한다면, 현재 신당동 일대를 '힙당동'으로 만드는 곳은 바로 중앙시장 일대다.

서울중앙시장은 신당동의 '부흥'을 주도하고 있다. 서울중앙시장은 원래 평범한 재래시장이었다. 그런데 2022년 들어서 '핫'하고 '힙'한 시장으로 떠올랐다. 2022년 1월부터 '성시경의 먹을텐데' '오사카에 사는 사람들' '피식대학' 등 파급력이 큰 대형 유튜버들이 중앙시장을 연달아 방문하면서 젊은 손님이 몰리기 시작했다. 유튜브에 등장한 옥경이네건생선, 산전 등의 가게는 '줄 서서 먹는 맛집'으로 등극했다. 임옥경 옥경이네건생선 대표는 "2022년 1월에 유튜브와 SNS에 중앙시장이 많이 소개됐다. 본래도 손님이 많은 편이었지만, 유튜브 노출 이후 젊은 고객이 눈에 띄게 늘었다"고 귀띔했다. 주요 방문객 연령층이 낮아지며 자연스레 시장 내 기존 점포들도 탈바꿈을 시작했다. 오랫동안 운영해오던 가게를 리모델링해 식당이나 술집으로 새롭게 개점했다. 말끔하게 정리한 가게들이 다시 입소문을 타면서 고객이 재방문하는 '선순환' 구조가 만들어졌다.

중앙시장 옆에 붙어 있는 '싸전거리' 일대도 젊은 고객이 북적대기는 마찬가지다. 싸전거리 골목은 신당역 12번 출구와 중앙시장 사이에 있는 골목길이다. 본래 해당 골목은 말 그대로 '쌀가게'들이 모여 있는 작은 골목에 불과했다. 쌀가게가 떠난 자리를 '힙'한 가게들이 메우면서 새로운 핫플레이스로 떠오르기 시작했다. 2017년 베이커리 카페 '심세정'이 처음

심세정 베이커리는 싸전거리 일대를 '힙'한 지역으로 바꾼 곳으로 손꼽힌다.

서울중앙시장과 싸전거리가 신당역 상권의 새로운 '핵'으로 떠올랐다.

으로 문을 연 이후, 칵테일바 '주신당', 식당 '하니칼국수' 등 신당동 대표 가게들이 하나둘씩 들어섰다. 이어 비건 식당 '카키', 미국식 마트 '핍스마켓', 떡볶이 전문점 '토보키' 등 가게도 추가로 문을 열었다. 심세정 관계자는 "쌀집과 가구 가게만 있던 거리에 심세정이 들어왔고, 이후 로컬 브랜드들(개인 가게)이 생겨났다. 이후 요식업 종사자 유입이 늘고 있다"고 분위기를 전했다.

젊은 소비자 모으는 중앙시장

● 2022년 폭발적인 성장세 보여

중앙시장과 싸전거리 일대 상권 성장은 통계로도 나타난다. 서울시 우리마을가게 상권분석 서비스에 따르면 신당동 중앙시장 상권의 2022년 2분기 점포당 월평균 매출액은 2640만원으로 집계됐다. 전분기 대비 24% 증가한 수준이다. 같은 기간 점포당 월평균 매출 건수는 701건

중앙시장 내 맛집들이 SNS 핫플로 떠오르면서 젊은 고객의 발길이 끊이지 않는다.

에 달했다. 2년 사이 가장 높은 수치다. 유동인구 수 역시 2022년 들어 급증했다. 2022년 2분기 중앙시장 상권의 1ha당 유동인구 밀도는 22만3321명에 달했다. 2021년 같은 기간 대비 3만3075명이 늘었다. 자치구인 중구(4만7546명)와 서울시(3만6608명)의 평균을 훌쩍 뛰어넘는다. 2022년 2분기 기준 일평균 유동인구 수는 1만7287명으로 서울 시내 A급 상권 못지않은 규모를 자랑한다.

상권 매출 성장을 견인하는 업종은 단연 '외식업'이다. 서비스업과 소매업 업종 가게는 2022년 들어 계속 감소하고 있지만, 외식 업종 가게 수는 꾸준히 증가세다. 외식 업종이 잘나가는 비결에는 소비력을 갖춘 젊은 세대가 자리한다. 중앙시장에서 가장 많이 소비하는 세대는 30대(26.1%)와 20대(13.3%)다.

유동인구와 매출은 늘어나는데 임대료는 저렴하다. 중앙시장 상권 1층 임대료는 1평(3.3㎡)당 14만4120원에 그친다. 중구 지역 일대 임대료는 25만3968원이다. 주변 지역에 비해 시세가 2배 정도 저렴하다는 뜻이다.

대형 뮤지컬 공연이 매일 열리는 충무아트센터는 신당 상권 일대에 유동인구를 유입시키는 요인 중 하나다.

"시장 안이 임대료가 저렴한 편이다 보니 주변 지역에 비해 부담이 적다. 비용 마련이 어려운 젊은 사람들이 시장에 가게를 내려고 한다. 실제로 가게를 알아보는 젊은 상인들 방문이 잦다. 다만, 가게를 오랫동안 갖고 있는 사람이 많아서 가게가 거의 나오지 않는다. 빈손으로 돌아가는 경우도 많다."

임종욱 서울중앙시장 상인회장의 전언이다.

중앙시장 상권과 달리 다른 3곳의 상권은 다소 침체된 분위기다. 중앙시장 상권을 제외한 다른 상권의 2022년 2분기 월평균 매출액은 405만원에 그쳤다. 2021년 같은 기간에 비해 890만원이나 하락했다. 중구와 서울시 평균에도 미치지 못하는 수준이다. 신당역 인근 공인중개사무소 관계자는 "중앙시장 상권과 나머지 상권 분위기가 확연히 다르다. 중앙시장과 싸전거리의 경우 권리금이 몇천만원 가까이 올랐는데도 매물이 씨가 말랐다. 문의도 계속 들어온다. 반면 다른 상권에 대해서는 문의가 비교적 적다"고 들려줬다.

신당 상권 추후 전망은
교통·배후인구 모두 좋다

부동산 현장 관계자들은 신당동 상권이 더 폭발적으로 성장할 것이라고 전망한다. 이유는 간단하다. 교통이 편리해 유동인구 유입이 쉽고, 왕십리·청구 등 인근 지역에 대규모 아파트 단지가 많아서다. 유동인구와 배후 단지를 모두 갖춰 잠재력이 높다는 것. 여기에 더해 신당만의 독특한 분위기가 더해지면 을지로와 성수동에 버금가는 '레트로' 상권으로 성장할 것이라는 전망이다.

인근 부동산업소 관계자는 "신당동 일대 상권은 여전히 성장 중이다. 정점이 아니다. 신당 상권의 강점은 교통과 입지 조

신당동 주변에는 아파트 대단지들이 들어서 있다. 배후 수요가 탄탄하다. 사진은 신당동 부근에 위치한 남산타운 아파트.

건이다. 2호선, 6호선이 만나는 지하철역이 바로 앞에 있다. 서울 주요 관광지인 동대문과도 가깝다. 걸어서 청계천도 갈 수 있다. 충무아트센터에서는 매일 대형 뮤지컬 공연이 열린다. 상권에 인구가 유입할 요인이 많다. 성수동도 서울숲과 연결되면서 상권 전체가 살아났다는 점을 고려하면 신당동도 인근 볼거리와 연계해 '가는 김에' 찾아오는 사람이 점점 더 많아질 거라고 본다"고 설명했다.

서울 한복판에 자리 잡은 상권이지만 배후인구 수요가 신도시 상권 못지않게 탄탄한 것도 강점이다. 신당역 주변으로 두산위브더제니스, 리마크빌 등 대형 오피스텔과 대형 아파트 단지인 롯데캐슬 베네치아가 들어서 있다. 신당역 옆 2호선 상왕십리역에는 왕십리 텐즈힐, 센트라스 등 대형 아파트 단지가 위치한다. 신당역 남쪽 청구역과 북쪽 동묘역 일대에 거주하는 인구수도 상당하다. 배후 수요가 탄탄한 덕분에 주중·주말 매출이 모두 골고루 나오는 '복합 상권' 성향을 띤다. 서동석 심세정 대표는 "평일에는 주로 직장인이 많다. 주말에는 충무아트센터에서 뮤지컬을 보고 나온 손님이 많다. 인근에 사는 주민이 가족 단위로도 많이 찾는다. 늘 손님으로 북적댄다는 의미다. 주말에는 오후 3~4시면 준비해둔 재료

신당동 상권의 호재 중 하나는 재개발 이슈다. 오래된 동네인 만큼 곳곳에서 재개발을 앞두고 있다. 재개발이 완료되면 상권이 더 성장할 가능성이 크다.

가 모두 소진된다"고 말했다.

자치구인 중구청이 신당동 일대 개발 규제 해제를 고려하고 있다는 점도 호재다. 중구청은 현재 신당역을 관통하는 퇴계로 일대 건물 높이 제한 완화를 추진 중이다. 김길성 중구청장은 매일경제와의 인터뷰에서 "5층 미만이었던 대로변 높이 규제를 다산로변은 최고 17층, 신당역 인근 퇴계로변은 최고 21층으로 완화하는 방안을 추진 중"이라고 밝혔다. 퇴계로 일대 개발 제한이 풀리면 신당역 상권

개발도 탄력을 받게 된다.

신당동 특색을 살려 상권을 개발한다면 을지로·성수에 버금가는 '레트로' 상권으로 성장할 수 있다는 주장까지 나온다. "신당동은 역사가 오래된 동네다. 동네가 품고 있는 스토리가 매력적이다. 오래된 건물 하나하나가 특색이 있다. 신당동만의 매력을 어떻게 살리는지에 따라 상권의 색깔이 달라진다고 본다. 레트로 분위기를 잘 살리면 을지로처럼 성장할 것이라고 본다." 장지호 대표의 분석이다.

CIC

말똥도넛 매장 전경.

더티트렁크, 말똥도넛…
카페도 편의점도 '힙'하게

내쉬빌치킨버거, 후무스브런치, 솔티카라멜. 세 가게의 공통점은 대한민국 경기도 파주의 '한 상권'에 몰려 있다는 것이다. 파주에 자리 잡은 토종 가게지만 SNS상에서의 이미지는 다르다. 파주인데 미국에 있는 세련된 카페에서 먹는 기분이 든다는 소셜미디어(SNS) 포스팅이 많다.

바닥 면적만 1650㎡(약 500평)에 높은 층고, 다양한 높이의 의자와 테이블이 인상적인 '더티트렁크' 얘기다. 아메리칸 컨트리(미국 교외) 스타일을 지향한다는 이곳은 월매출이 8억원을 오르내릴 정도로 성업 중이다. 카페, 베이커리, 키친, 바를 한 곳에서 즐길 수 있는 국내 최대 규모 올인원(All-in-one) 카페테리아로 분류되기도 한다. 주말이면 하루에만 1만8000명이 들이닥칠 때도 있다고. 그래서 매장 안에 들어와서도 한창 줄을 서야 겨우 음식 주문이 가능하다. 그럼에도 불구하고 입장객들은 연신 스마트폰 사진을 남기며 마치 놀이공원에 온 듯 한껏 기분을 낸다.

노점상은 영어로 뭘까? 그 답을 한 곳이 있다. '노닷프라이즈'다. '노 = NO, 점 = Dot, 상 = Prize'라고 자기 식으로 해석했단다. 이름만 피식 웃게 만드는 게 아니다. 근사한 백화점(롯데백화점 동탄점) 안에 입점했는데 잡화점을 지향한다. 돈 낸 만큼, 먹고 싶은 만큼 시리얼을 먹을 수 있고 신기한 국내외 과자도 많다. 어떤 생각인지 알 수 없게 그 옆 매대에는 국내에서 보기 힘든 비누 브랜드가 있고 그 옆에 양말, 라운드 티셔츠, 또 그 옆에 머그컵까지 '이상하다?' 싶은데 묘하게 어울리는 상품들을 팔고 있다. 심지어 여타 편의점처럼 가맹 점주도 모집한다. 더티트렁크와 노닷프라이즈. 국내 유통업계에 신선한 바람을 불어넣는 가게들을 만든 회사가 바로 'CIC'다.

더티트렁크 매장 전경.

CIC 어떤 회사?

매년 새 브랜드 선보여

CIC는 1992년생 김왕일 대표가 2017년 '캘리포니아 농가'를 지향하는 식당 '오프닛'을 서울 청담동에 선보이면서 출범했다. CIC는 독특한 경영 방식을 구사한다. 한 달에 한두 개씩 계속 새로운 업태의 가게 브랜드를 내놓고 있다. 2022년 8월까지 카페, 편의점, 중국집 등 선보인 브랜드만 70개에 육박한다. 조만간 30개를 더 채워 100개 브랜드를 보유한 회사를 만들겠다고 공언한다.

더불어 전남 신안 등 지방 도시에 호텔,

놀이공원 등을 짓겠다는 야심찬 계획까지 내보인다. 공상가들이 모인 괴짜 기업이라 할 만한데 결과물이 예사롭지 않다. 더티트렁크 외에도 말똥도넛, 버터킹, 통통 등 CIC가 기획한 가게들은 대부분 예약하기 힘들거나, 몇 시간씩 줄을 서야 하는 지역 명소가 됐다.

내실도 탄탄하다는 것이 CIC 측 설명이다. 김왕일 대표는 "기획한 브랜드마다 오프라인 매장을 여는데 모두 1년 이내 손익분기점을 넘겼다. 아직 지주 회사가 없고 계속 새 브랜드를 낼 때마다 법인을 등록하다 보니 집계하기 힘들지만 F&B 사업체에서 보기 힘들게 10% 이상의 영업이익률을 기록할 정도로 사업장들이 빠른 시간 내 자리 잡고 있다. 이렇게 번 돈을 또 새로운 브랜드를 만드는 데 투자한다. 외부 투자 없이 자생하며 회사를 빠르게 키워내고 있다는 게 다른 곳과 차별화된 점"이라고 소개했다.

CIC가 일하는 법

기획부터 시공까지 모두 '직접'

"회사라기보다는 커뮤니티라고 봐주면 좋을 것 같습니다. 대기업처럼 부서, 업무 분담이 명확한 구조가 아닙니다. 체계와 위계질서가 거의 없다시피 한 대신 각 팀원이 꽂힌 아이디어가 있으면 그걸 존중하고 밀어주는 게 일하는 방식입니다. 팀원들이 자기가 원하는 프로젝트여야 더 열심히 하니까요. 갓 졸업한 대학생 또는 모두가 느끼기에 재미있고 신선한 아이디어 채택을 많이 하는 편입니다." (김왕일 대표) 그래서일까. CIC는 회사 정의도 남다르게 하고 있다. 단순히 맛집, 외식 브랜드를 만드는 곳이라기보다는 'Hospitality Projects Company(프로젝트 형태로 다양한 고객 환대, 접객 공간, 브랜드를 만드는 회사)'라고 명명한다. CIC가 업계 화제가 되는 이유는 또 있다.

브랜드 기획부터 인테리어, 시공까지 직접 주도하는 것이 주목받는다. 이렇게 해야 원가도 낮추고 원하는 색감, 분위기를 만들 수 있기 때문이라고. 통통 같은 중국집 브랜드는 $3.3 m^2$(평)당 150만원 이내로 인테리어 비용을 맞췄다.

이 같은 저비용 · 고효율 시스템은 어떻게 만들 수 있었을까.

김 대표는 "그냥 주인 의식을 가진 프로젝트 팀장이 몰입해서 자신의 혼을 불어넣는 것"이라고 소개했다. 일단 예산을 처음부터 많이 책정하지 않는다고. 그러면서 특정 국가와 시점을 설정한다. 그리고 거기에 맞는 소품과 공간을 찾는다. 어떨 때는 재활용 더미에서 인테리어 소품을 찾기도 하고 지방에 있는 폐선박, 부식된 공사판 자재 등을 갖다놓기도 한다. 지역도 가리지 않는다. 프로젝트 예산이 적은 데다 임대료 부담도 덜 수 있는 곳을 찾다 보면 도심 속 공장 지대로 가거나 교외 지역을 찾기도 한다. 이렇게 해서 탄생한 브랜드다 보니 오히려 그 지역 내에서는 이색 공간으로 떠오를 가능성이 높다.

CIC 관계자는 "고객을 중심에 두고 그 고객이 이 공간에 와서 어디에서 어떤 행동을 할지, 어디를 포토존으로 생각하고 사진을 찍어 소셜미디어에 올릴지를 그려보면서 인테리어를 계속 고쳐나간다. 처음 공간에 들어설 때부터 '미쳤다(Crazy)'라고 느낄 수 있는 색다른 공간 경험, '우와'라는 탄성이 나올 수 있을 만한 요소(Wow Factor)를 제공하려는 것이 궁극적인 목표"라고 설명했다.

파주 피기 인 엘에이 매장 전경.

향후 성장 전략도 남다르다

맛집은 글로벌 IP로 재정의

"궁극적으로 글로벌 IP(지식재산권) 산업을 하게 될 것."
김왕일 대표의 꿈이다.
한국에서 맛집이나 명소는 이제 단순히 '국내용'이 아니라는 것이 김 대표의 생각이다. 하루가 멀다 하고 새 브랜드를 쏟아내는 이유도 여기에 있다. 맛집이나 공간이 브랜드가 되면 이는 'IP'로 대접받을 수 있다. IP는 그 자체로 거래도 가능하다. 또 해외 진출에도 용이하다.
이미 본촌치킨으로 유명한 본촌인터내셔널이 이런 선례를 보여줬다. 본촌치킨 태국사업권(마스터프랜차이즈권)은 현지 사업자가 가져갔다. 태국에서 본촌이 큰 인기를 끌자 굴지의 동남아 리조트 그룹이 2800억원에 인수했다.
김 대표가 그리는 그림도 이와 크게 다르지 않다. 첫 시작은 더티트렁크를 야심차게 해외에도 가져가 미국, 유럽, 아시아 주요 도시에 내는 것이다. 이후 '더티트렁크' 브랜드 자체를 매각할 수도 있다는 생각이다. 이런 그림 아래 서울 홍대 인근에서 운영하는 고명치킨은 태국 카오산로드에 조만간 문을 열 예정이다.
스위스 글리옹 호스피탈리티 경영대 출신 김 대표는 유학 시절부터 창업하자고 맘을 먹었고 '시작부터 글로벌' 사업을 해야겠다고 다짐했다. 김 대표는 "앞으로 성장통을 겪을 수도 있겠지만 그보다 더 빨리 브랜드 개발, 해외 진출, M&A 등을 성사시키는 방식으로 접근한다면 또 다른 성장 모델로 자리매김할 수 있지 않겠냐"고 기대를 밝힌다.
"캐주얼 F&B로 시작해 현재는 호텔, 리조트, 스포츠, 패션 등 라이프스타일 전반에 걸쳐 다양한 브랜드를 만들어나가고 있다. 부동산, 에너지, 환경 분야 등 더 넓은 영역으로 사업을 확장해나갈 계획이다."

포스트 코로나,
자영업 메가 트렌드

5대 메가 트렌드 ①
다점포율로 본 '뜨고 진 프랜차이즈'

롯데리아·본도시락·피자헛 다점포 2배↑

편의점은 점포 정리…배달에 울고 웃었다

경기 안양에서 유가네닭갈비 6개를 운영하던 A점주는 최근 인근에 헐값에 나온 가맹점 1개를 인수해 유가네닭갈비 7개를 운영하는 최다 점포 점주가 됐다. A점주는 할머니, 아버지에 이어 3대째 유가네닭갈비를 운영해온 '가업 승계 점주'다. 그동안은 신규 출점을 해서 기존 매니저를 점장으로 승진시켰는데, 최근 외식 업황이 어렵고 인력난도 심해지자 '똘똘한 매장'을 인수하는 것이 안전하다고 판단했다고. 유가네닭갈비는 이처럼 매물로 나온 인근 가맹점을 인수하는 다점포 점주가 늘며 다점포 점주율이 지난 10년 이래 최고치인 36%를 기록했다. 유가네닭갈비 관계자는 "최근 인력난과 점주 피로도 문제로 가맹점 매물이 늘었다. 다점포 점주들은 '오토웍(자동 조리기)' '탭오더(비대면 태블릿 주문)' 등을 적극 도입하며 직원 노동 강도를 줄이며 생산성은 높이고 있다"고 귀띔했다.

서울 군자에서 외국계 패스트푸드 S프랜차이즈 매장을 운영하던 B씨는 2019년 '한촌설렁탕'으로 업종을 전환했다. 외국계 프랜차이즈 특성상 로열티가 높은데 코로나19 사태로 외식 경기가 악화되자 고비용 구조를 견디기 어려웠기 때문이다. 브랜드 변경 후 수익 구조가 눈에 띄게 개선된 B씨는 주변의 S프랜차이즈 점주들에게도 업종 전환을 권했다. 그 결과 현재는 B씨와 그의 부모님 지인을 포함해 총 3명의 S프랜차이즈 점주들이 한촌설렁탕으로 갈아탔다.

코로나19 사태로 외식업계가 고난의 행군이 이어졌지만, 한편에서는 다점포 점주들의 확장 행보가 계속됐다. 프랜차이즈 가맹점을 여럿 운영해본 다년간의 노하우와 인적 네트워크를 앞세워 '전략 경영'에 나선 결과다. 국내 자영업 시장에서도 전문성을 갖췄는지에 따라 양극화가 나타나고 있음을 보여준다.

코로나19에 배달 업종 '선방'

● 피자·패스트푸드 다점포율 ↑

매경이코노미는 2014년부터 매년 국내 주요 프랜차이즈 다점포율을 조사해왔다. 다점포율은 프랜차이즈 점주 한 명이 2개 이상 복수 가맹점을 운영하는 '다점포' 운영 비율을 말한다. 일반적으로 1개 점포를 해본 뒤 수익성을 극대화하기 위해 다점포를 출점한다는 점에서, 다점포율이 높을수록 해당 브랜드에 대한 점주 만족도나 투자 의향이 높다고 볼 만하다. 연간 프랜차이즈 다점포율 변화를 살펴보면 업종별 트렌드 변화도 읽을 수 있다.

극심한 외식업 불황 속에도 '배달'에 특화된 업종은 다점포율이 오르거나 유지됐다. 코로나19 사태로 활성화된 비대면 소비에 발 빠르게 대응한 것이 성공 요인으로 꼽힌다.

피자가 대표 사례다. 피자헛(13.3% → 29.7%), 도미노피자(33.1% → 33.2%),

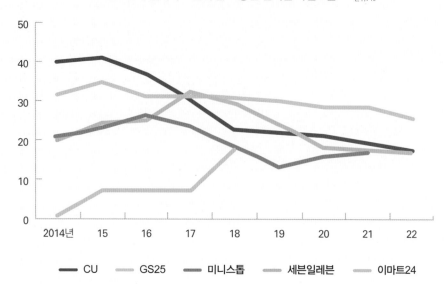

2015년 3만개 돌파 후 7년째 감소 중인 편의점 다점포율   단위: %

CU   GS25   미니스톱   세븐일레븐   이마트24

자료:각 사

미스터피자(10.5% → 10.9%), 피자마루 (10.6% → 10.9%) 모두 다점포율이 올랐고 파파존스는 50%를 유지했다.

도미노피자 관계자는 "코로나19 사태로 배달, 포장 등 홀을 이용하지 않는 비대면 주문 방식이 증가했다. 이에 발맞춰 여의도 한강공원, 양평 자동차 극장 등 야외에서도 피자를 수령할 수 있는 배달 서비스 '도미노스팟'을 업계 최초로 도입했다. 또한 온라인 방문 포장 주문 후 고객이 차에서 안 내리고 피자를 전달받는 '드라이빙 픽업 서비스'도 일부 매장에서 진행 중"이라고 밝혔다.

커피는 브랜드별로 온도 차가 있다. 파스쿠찌는 다점포가 2021년 54개에서 2022년 24개로 급감하면서 다점포율이 반 토막(11% → 4.7%) 났다. 이디야도 같은 기간 311개에서 270개로 다점포가 줄었다. 반면 신규 BI를 선보이고 재기를 모색 중인 카페베네는 다점포가 16개에서 21개로 소폭 늘었다. 단, 카페베네와 이디야는 가맹점 수는 공개하지 않아 다점포율은 알 수 없었다. 이디야 관계자는 "커피 업종에서도 비대면 서비스를 선호하는 고객이 늘고 있다. 대학가 상권에 위치한 매장에서는 키오스크 사용률이 65%에 달한다. 2022년 출점한 신규 매장의 키오스크 도입 비율도 90% 이상이다"라고 말했다.

엔제리너스는 가맹점(388개 → 395개)과 다점포(30개 → 69개)가 모두 늘어 반등하는 모습이다. 다점포율은 7.7%에서 17.5%로 껑충 뛰었다.

"현재 기존 가맹점의 수익 개선과 브랜드 강화를 위해 직영점의 플래그십 스토어 운영에 힘쓰고 있다. 특히, 지역 유명 베이커리와의 숍인숍(Shop In Shop) 협업을 통해 지역과 입점 상권에 맞춘 특화 매장을 운영 중이다. 석촌호수DI점, 롯데월드몰B1점의 경우 경기 양주의 '윤쉐프 정직한제빵소', 대구 수성못아일랜드점은 경북 경주의 '랑콩뜨레', 대전유성DI점은 대전의 '손수베이커리' 등 지역 유명 빵집이 입점해 해당 직원들이 직접 빵을 생산하고 수익을 나눈다." 엔제리너스 관계자의 설명이다.

본아이에프가 운영 중인 4개 브랜드(본죽, 본죽&비빔밥, 본설렁탕, 본도시락) 중에서도 배달에 특화된 본도시락이 성장세가 돋보인다. 가맹점(401개 → 432개)과 다점포(26개 → 46개)가 늘어 다점포율은 6.5%에서 10.6%로 올라섰다.

본아이에프 관계자는 "본도시락은 소형 평수로 소자본 창업이 가능한 배달 전문 브랜드다. 연간 10개 내외 트렌디한 신메뉴를 출시하고, 약 70%를 차지하는 메인 메뉴의 원팩 조리가 가능하다. 인건비와 노동 강도를 줄이기 위해 자동 조리기 '웍봇'도 도입할 예정이다. 폐점률은 2%대로, 외식업 평균인 15%, 치킨업계 25%와 비교해 업계 최저 수준"이라고 자랑했다.

패스트푸드는 배달과 함께 가성비를 앞세운 브랜드가 약진했다. 노브랜드버거(0% → 4.5%), 맘스터치(4.8% → 5.2%)의 다점포율이 상승했다.

신세계푸드 관계자는 "노브랜드버거는 업계 최단 기간인 1년 6개월 만에 100호점을 돌파하며 꾸준히 사업을 확대 중이다. 특히 브랜드 콜라·사이다 출시, 유명 아티스트와 협업, NFT 발행 등 차별화된 브랜드 경험을 제공하는 데 주력하고 있다. 지난 2021년 영남권, 2022년 충청권과 전라권 등 각 권역별로 순차적으로 매장을 늘려나가고 있다"고 말했다. 맘스터치 관계자는 "맘스터치는 25~30평대 중소형 매장으로 메인 상권 이면도로와 골목 상권, 2층 상가 등 초기 투자

국내 주요 프랜차이즈 다점포율 변화

단위: 개, %

업종	브랜드	2021년			2022년		
		가맹점	다점포	다점포율	가맹점	다점포	다점포율
편의점	GS25	1만4593	4142	28.4	1만54025	3962	25.7
	CU	1만4923	2852	19.1	1만5855	2774	17.5
	세븐일레븐	1만773	1940	18	1만1570	2010	17.4
	미니스톱	2628	454	17.3	세븐일레븐에 합병		
	이마트24	5560	비공개	비공개	5792	비공개	비공개
피자	파파존스	비공개	비공개	50	217	108	50
	도미노피자	363	120	33.1	370	123	33.2
	피자헛	330	44	13.3	337	100	29.7
	피자알볼로	300	73	24.3	310	57	18.4
	미스터피자	220	23	10.5	211	23	10.9
	피자마루	621	66	10.6	589	64	10.9
커피	카페베네	325	16	4.9	비공개	21	비공개
	이디야	2970	311	10.5	비공개	270	비공개
	엔제리너스	388	30	7.7	395	69	17.5
	파스쿠찌	492	54	11	506	24	4.7
	더본코리아	1916	454	23.7	2281	579	25.4
	빽다방	888			1124		
외식	유가네닭갈비	217	64	29.5	211	76	36
	원할머니보쌈	330	134	30.1	328	113	26
	박가부대&치즈닭갈비	115			107		
	큰맘할매순대국	400	40	10	372	55	14.8
	본도시락	401	26	6.5	432	46	10.6
	본죽&비빔밥	597	54	9	743	53	7.1
	본설렁탕	31	2	6.5	47	3	6.4
	본죽	930	45	4.8	816	32	3.9
	한촌설렁탕	121	30	24.8	130	25	19.2
	육수당	66	2	3	84	2	2.4
	미카도스시	56	21	37.5	62	27	43.5
	한솥	-			759	73	9.6

※ CU, GS25는 2021년 말 기준
※ 2022년 7~8월 기준

자료: 각 사

비와 고정비 감소 효과를 누릴 수 있는 전략 상권을 노린다. 코로나 팬데믹을 겪으며 배달·포장 수요가 크게 늘어난 데다, 임대료 부담도 적어 점주들도 소형 매장을 선호한다"고 전했다.

내실 있는 매장 위주로 통폐합을 진행한 롯데리아는 '손바뀜'이 눈에 띈다. 가맹점 수(1211개 → 1213개)는 거의 그대로인 반면, 다점포 수(190개 → 243개)가 크게 늘었다. 롯데리아 관계자는 "코로나19 사태로 인해 신규 가맹점 유치보다는 기존 가맹점의 매출 증진과 이익 확대를 통한 내실 경영에 중심을 두기 시작했다"고 밝혔다.

비외식 장치 사업 분야 프랜차이즈도 높은 다점포율을 기록했다. 글로벌 D2C 기업 에이피알(APR)이 운영하는 즉석 포토 스튜디오 브랜드 '포토그레이(PHOTOGRAY)'는 다점포율이 40%대 중반에 달한다. 방탈출 카페 '셜록홈즈'도 다점포율이 50%가 넘는다. 이들 가맹점의 둘 중 하나는 2개 이상 운영하는 다점포 점주 것이라는 얘기다.

김영훈 APR 홍보팀장은 "사회적 거리두기 규제 완화 전, 만남의 횟수가 적어짐에 따라 만남 자체를 기념하는 사진을 찍는 문화가 성행하며 포토 부스가 '셀카'와는 또 다른 MZ세대 문화로 자리매김했다. 상대적으로 쉬운 매장 관리와 합리적인 오픈 비용, 무인 운영에 따른 인건비 절감, 높은 ROI(투자자본수익률) 등이 가맹 점주 수요 증가를 견인하는 요인이다"라고 들려준다.

오프라인 홀 영업은 울상

● 두끼·양키캔들·셜록홈즈 다점포 ↓

반면 오프라인 매장의 홀 영업 위주 브랜드는 코로나19 사태 직격탄을 맞은 모습이다.

무한 리필이 전매특허인 두끼떡볶이가 대표적이다. 두끼떡볶이는 코로나19 사태 이전인 2017~2019년에는 2% → 18.9% → 20.4%로 꾸준히 다점포율이 상승했다. 코로나19 사태 여파가 미미했던 2020년 상반기에도 26.4%로 정점을 찍

었다. 그러나 2021년 23%로 다점포율이 낮아진 뒤, 2022년은 가맹점(226개 → 222개)과 다점포(52개 → 47개)가 소폭 줄어 21.2%로 하락했다. 홀에서 무한 리필을 하는 영업 방식이다 보니 배달 업황과 정확히 반비례하는 모습이다.

양키캔들도 31%에서 13.5%로 다점포율이 크게 낮아졌다. 오프라인 경기가 악화되자 온라인 중심으로 마케팅 전략을 선회하고 있다. 양키캔들 관계자는 "코로나19 사태로 인한 경기 침체가 길어지며, 다점포 수도 많이 감소했다. 최근 가맹점은 온라인 중심으로 매출을 확대해 운영하고 있다. 퀵커머스를 도입해 당일 배송 상품을 판매 중이다"라고 말했다.

셜록홈즈는 가맹점(38개 → 29개)과 다점포(19개 → 15개)가 줄었다. 4년 이상 운영 중인 약 25개 매장이 2021년 가맹 종료 후 개인 매장으로 전환 운영된 영향이 컸다는 게 본사 측 설명이다. 셜록홈즈를 운영하는 권충도 언리얼컴퍼니 대표는 "코로나19 사태 이후 연령층이 많이 낮아졌다. 2020년 초반까지 30% 미만이던 10대 이용 비중이 최근에는 초등학생 손님이 늘며 50%를 넘어섰다. 과거 인당 2만원가량이던 입장료의 체감 물가가 코로나19 사태 이후 상대적으로 낮아졌기 때문으로 풀이된다. 이에 대응해 저

연령 키즈 대상 모델을 준비 중이다"라고
귀띔했다.

가맹점 느는데 다점포는 주춤

● 편의점·치킨·스터디 카페 '포화' 우려

가맹점이 급증하는 데 반해 다점포 증가
세는 주춤한 업종과 브랜드도 적잖다. 기
존 점주들이 추가 출점은 망설이거나 점
포 정리에 나선 반면, 신규 점주들만 진
입해 '상투 잡기' 아니냐는 우려가 제기
된다.

편의점은 2015년 다점포율이 정점을 찍

은 후 7년 연속 꾸준히 하락했다. 1인 가
구 증가로 편의점 시장은 성장하고 있지
만, 전국 매장 수가 5만개를 넘어설 만큼
포화도가 급증한 데다, 최저임금 인상으
로 인건비 부담이 늘며 점포당 수익성은
악화돼 점주들이 점포 정리에 나서고 있
음을 보여준다.

브랜드별로 보면 세븐일레븐은 2018년
29.5%에서 2019년 24.6%, 2021년 18%,
2022년 17.4%로 하향 곡선을 그리고 있
다. GS25와 CU는 연말 기준으로만 데이
터를 공개한다. GS25는 2018년 30.6%에
서 2020년 28.4%, 2021년 말에는 25.7%
로 급감했다. CU는 같은 기간 23%에서

19.1%를 거쳐 17.5%로 하락했다. 이마트24는 "2019년부터 다점포 운영 현황을 집계하지 않고 있다"고 밝혔다. 지난 2년간 코로나19 팬데믹 특수를 톡톡히 누린 치킨업계도 가맹점이 급증한 반면, 다점포는 감소하거나 증가폭이 확 줄었다.

교촌치킨과 푸라닭은 지난 1년간 가맹점이 각각 52개, 35개 늘었지만 다점포는 1개, 3개 줄었다. BBQ, bhc는 가맹점이 256개, 188개 급증한 반면, 다점포는 13개, 8개 증가에 그쳤다. 2021년은 전년 대비 다점포가 각각 154개, 10개 늘어난 것과 대비된다.

작심스터디카페도 상황은 비슷하다. 지난 1년간 가맹점이 100개 더 늘었지만 다점포는 11개 감소했다(다점포율 16.6% → 10.4%). 이들 업종에서 새로운 가맹 점주 상당수는 MZ세대 자영업자다. BBQ 관계자는 "2020년 코로나19 팬데믹 이후 2030세대의 창업이 눈에 띄게 늘어 현재는 신규 점주의 60% 이상을 차지한다. 2020년 6월 선보인 배달 · 포장 전문점 BSK 모델은 초기 투자비용과 유지비가 낮은 데다, 고정된 월급보다는 노력하는 만큼 수익이 늘어나는 자영업에 MZ세대가 매력을 느꼈기 때문으로 풀이된다"고 전했다. 작심스터디카페 관계자는 "MZ세대를 중심으로 젊은 창업자가 증

프랜차이즈 최다 점포 운영 사례

최다 점포	브랜드
126개	오가다(세라젬 웰카페)
12개	도피노피자
11개	스무디킹(CGV법인), BBQ
9개	CU, 롯데리아, 써브웨이
8개	더본코리아
7개	GS25, 파파존스, 유가네닭갈비, 맘스터치, 홍루이젠
6개	샐러디, 크린토피아, 미카도스시
5개	던킨, 작심스터디카페
4개	반올림피자샵, 카페베네, 이디야, 엔제리너스, 디딤, 한촌설렁탕, 에그드랍, 양키캔들, 뚜레쥬르, 브롱스, bhc, 교촌치킨, 푸라닭, 셜록홈즈
3개	피자헛, 피자알볼로, 미스터피자, 피자마루, 배스킨라빈스, 파리바게뜨, 바르다김선생, 두끼떡볶이, 한솥, 포토그레이, 스쿨푸드
2개	파스쿠찌, 육수당, 사위식당, 노브랜드버거, 다이소, 죠스떡볶이, 슈퍼스타코인노래방

※브랜드 내 가장 많은 다점포 운영 사례(가족 운영 포함)
※세라젬 웰카페 직영점 형태로 업무 제휴해서 운영

자료 : 각 사

가하는 추세다. 최근에는 (학생 외에) 성인 고객 비율도 지속 증가해 52%를 넘어섰다. 이에 스터디 카페와 공유 오피스 공간이 같이 있는 복합 문화 공간 '더작심'을 선보였다"고 밝혔다.

5대 메가 트렌드 ②
날마다 진화 中인 '푸드테크'

치킨 튀기고 피자 굽는 '로봇' 대중화

세무·인사…복잡한 매장 관리, '앱'으로

"미래를 예측하는 가장 좋은 방법은 미래를 창조하는 것이다."

미국의 세계적인 컴퓨터 과학자 앨런 케이가 한 말이다. 외식 산업이라고 해서 다르지 않다. 트렌드의 최전선에서 새로운 F&B 기술과 서비스를 '창조'하는 푸드테크(Food-tech) 기업들의 생생한 이야기를 듣다 보면 최근 급변하는 F&B 산업과 자영업 시장 미래도 어렵지 않게 예측할 수 있다.

푸드테크는 음식(Food)과 기술(Tech)의 합성어다. 식품 산업에 인공지능(AI), 사물인터넷(IoT), 빅데이터 등 최신 기술을 결합한 것이다. 인건비와 임대료, 원자재 상승으로 외식 산업 자체의 경제성과 지속 가능성에 대한 우려가 끊이지 않는 요

베어로보틱스의 서빙 로봇 '서비'는 자율주행 라이다 기술을 탑재해 정밀도를 높였다. ⓒ베어로보틱스

즘, 위기를 '기술'로 타개하기 위해 나온 개념이 바로 푸드테크다. 2022년 1월 미국 라스베이거스에서 열린 세계 최대 전자·IT 전시회 'CES 2022'에서는 사상 처음으로 푸드테크가 전시 카테고리에 추가됐을 만큼 F&B 산업을 넘어 전 세계 기술 분야의 핵심 주제로 떠올랐다.

푸드테크의 범위는 꽤 넓다. F&B 산업 내 애로 사항을 해결할 수 있는 기술이라면 모두 푸드테크다. 조리 로봇, 서빙 로봇, 스마트 농업, 대체육 같은 첨단 기술은 물론 배달 플랫폼, 식당 내 키오스크, 식자재 주문 플랫폼 등 우리가 흔히 볼

수 있는 기술·서비스도 푸드테크에 포함된다.

로봇과 무인(無人) 시대

● 주문·서빙에 조리·배달까지

'로봇·무인화' 분야는 푸드테크에서 가장 '뜨거운' 종목으로 꼽힌다. 코로나19 유행 이후 비대면 수요가 급증한 덕분이다. 인건비 상승으로 노동 시장에서 사람 구하기가 힘들어지면서 더 각광받는다. 핵심은 로봇 등 기계를 통한 '무인 시대'

로보아르테의 치킨 로봇은 가장 힘든 '튀김' 과정에서 인간의 수고를 덜어준다.

다. 과거 푸드테크 수준과는 딴판이다. 키오스크 정도에 그쳤던 기술 수준은 협동 조리 로봇이 양산되는 단계까지 진화했다. 예전 로봇이 '기술 과시'나 '마케팅' 용도에 머물렀다면 최근에는 상용화 단계에 들어서며 의미 있는 성과가 나타나고 있다.

먼저 '커피' 분야가 활발하다. 다른 음식에 비해 조리법이 비교적 간단한 덕분이다. 단순히 일손을 돕는다는 개념을 넘어 맛의 표준화에도 한몫한다. 기존 커피는 바리스타에 따라 커피 맛이 달라지는 한계가 있다. 로봇인 바리스는 오차 없이 정밀한 커피 맛을 유지한다.

'비트코퍼레이션'은 무인 로봇 카페 '비트(b;eat)'를 운영한다. 비트는 키오스크나 스마트폰 앱으로 주문을 받아 로봇 바리스타가 커피를 만들어주는 무인 로봇 카페다. 2018년 인천공항에 첫 모습을 드러낸 이후, 2020년 200개 매장을 목전에 두고 있다. 커피를 추출하는 협동 로봇 '바리스'도 있다. 카이스트 출신 황성재 대표가 이끄는 라운지랩이 개발했다.

치킨과 피자 시장에서도 로봇 활약이 두드러진다. '로보아르테'는 치킨 조리용 협동 로봇을 개발 중이다. 2021년 네이버에서 초기 투자를 받은 데 이어 올해 GS리테일, IBK기업은행, 신용보증기금 등으로부터 75억원 규모 시리즈A 투자를 받았다. 로보아르테 치킨 로봇은 반죽부터 튀기는 과정까지 모두 척척 해낸다. 직영점인 '롸버트치킨'은 2022년 8월부터 가맹 사업을 시작했다. 싱가포르와 미국 뉴욕 등에도 직영점을 낸다는 계획이다.

피자에서는 '고피자' 화덕 로봇이 주목받는다. 1인용 화덕 피자를 자체 개발한 자동 화덕 '고븐'으로 만들어낸다. 3분이면 피자 6개, 1시간 내에 100개 이상 피자를 만들 수 있다. 여기에 'AI 스마트 토핑 테이블'과 로보틱스 기술로 작은 공간에서, 또 적은 노동력으로 피자를 만들 수 있다.

조리뿐 아니다. 음식을 배달하는 서빙 로봇도 이제는 익숙해졌다. 구글 출신 하정우 대표가 설립한 '베어로보틱스'의 활약이 두드러진다. 홀 서빙용 자율주행 로봇이 주력 제품이다. 배달의민족, 메쉬코리아 등 배달 전문 스타트업들과 협업하며 서빙 로봇을 보급 중이다.

로봇 기술로 주방 업무를 대행해주는 회사까지 생겼다. 김범진 대표가 설립한 '웨이브'는 로봇과 AI 기술에 기반해 주방 운영 대행 서비스를 제공하고, 주방 자동화 로봇을 매장 단위로 판매하기도 한다. 김범진 대표는 그간 조리 로봇 실패 원인을 "사람보다 고용 부담이 적고 다양한 요리를 할 수 있어야 한다는 시장 기대치를 충족하지 못했기 때문"이라고 짚었다. 대신 로봇을 활용한 센트럴 키친을 만들고 다른 외식 브랜드의 레시피를 제공받아 대신 조리하고 일정한 로열티를 지불하는 '주방 운영 대행' 모델을 대안으로 제시한다. 고객사가 식당 경쟁력의 원천인 레시피를 과연 제대로 제공하는지 묻는 질문에는 "핵심 레

대체육도 푸드테크의 한 분야에 속한다. 사진은 지구인컴퍼니가 개발한 대체육 언리미트. ⓒ지구인컴퍼니

앱도 푸드테크다. 발주 금액과 결제 일정을 관리할 수 있는 '도도카트(왼쪽)', 오른쪽은 기업 식대와 복지몰 관리를 돕는 서비스 '벤디스'.

시피는 조리된 팩 형태로 납품받는다. 지점이 10여개 정도 되는 성장성 있는 브랜드가 우리 타깃"이라고 설명했다.

외식업도 '데이터 드리븐'

● 식자재·고객 관리를 '앱'으로

외식 자영업에서 식자재 주문 관리는 필수다. CJ프레시웨이, 삼성웰스토리 등 식자재 유통 업체가 있지만 이들은 월 최소 주문 금액이 300만~500만원은 돼야 한다. 이를 위해서는 월매출이 1500만~2000만원은 넘어야 한다. 그러나 현실은 이조차도 충족을 못해 시장에서 장을 보거나 중소 유통 업체를 이용하는 식당이 많다. 약 40조원에 달하는 국내 식자재 유통 시장이 사실상 무주공산이 된 배경이다.

식당 내 데이터 관리도 중요하다. 어떤 메뉴가 언제, 얼마나 팔리는지 정도를 파악하는 것은 기본 중의 기본. 대기 손님 중 4명이 많은지 2명이 많은지, 테이블마다 이전 손님이 일어나고 다음 손님이 들어오기까지 시간은 얼마나 되는지, 식자재별로 소진 기간은 얼마나 되는지 등 사소한 데이터 하나하나가 모여 매장 운영과 인력 효율을 높이는 데 도움을 준다.

외식 전문 데이터 경험 스타트업 '데이터온'은 이런 데이터를 모아 관리하고 시각화해준다.

영세한 자영업자를 위한 플랫폼 기술도 최근 진화한 푸드테크의 한 형태다. '엑스바엑스'는 식자재 주문 앱 '오더플러스'를 운영 중이다. 누적 입점 유통사 150여곳, 취급하는 식당용 식재료와 소모품은 약 15만종으로 국내 최대를 자랑한다. 무이자 10개월 할부, 3개월 외상 결제 서비스도 제공한다.

발주 금액도 이제는 앱으로 분석이 가능하다. 식자재 비용 관리 앱 '도도카트'가 대표적이다. 식자재 명세서를 등록하기만 하면 거래처와 주요 품목의 변화를 매월 리포트로 비교 분석해 알려주고, 복잡한 비용 검토와 결제 일정 관리도 대신해준다.

자영업자를 괴롭히는 또 하나의 장벽, 세무·재무·회계 업무도 이제는 '기술'로 고민 해결이다.

2017년 4월 출범한 소상공인 대상 회계 관리 앱 '캐시노트'는 그날그날 매출, 카드 대금 입금 일정, 미지급 대금 등을 한눈에 파악할 수 있는 서비스다. 여타 복잡한 가입 절차 없이 카카오톡 '플러스친구' 등록 후 간단한 정보만 입력하면 바로 자기 가게의 매출 규모, 입금 현황 등을 한눈에 알 수 있게 서비스를 시작했다.

이 밖에도 세금 신고와 환급을 돕는 '삼쩜삼', 금융기관 거래 내역 조회·관리를 도와주는 '자비스'도 있다. '삼쩜삼'은 종합소득세 신고부터 모바일 앱 또는 온라인 웹에서 클릭 몇 번 만에 자신이 돌려받을 종합소득세 환급액의 확인과 신고를 도와준다. '자비스'는 회사의 모든 금융 정보를 한 번에 관리하고, 급여 자동 계산 등의 급여 관리, 전용 앱을 통한 영수증 관리, 비용 내역 자동 회계 처리 등을 지원한다.

외식 소비, 공간이 달라진다

● 식당 → 배달 앱 → 틱톡 → 메타버스

기술이 진화하면서 외식을 소비하는 공간도 달라지고 있다. 과거 오프라인 식당이 전부였다면, 이제는 배달 애플리케이션으로 음식을 시켜 먹는 소비 패턴이 대중화됐다. 앞으로는 SNS나 메타버스가 새로운 외식 소비 공간이 될 수도 있다는 전망이다.

배달은 '개인 배달'을 넘어 '기업 배달'로 진화 중이다. 연간 소비 규모만 20조원에 달하는 '기업 식대' 시장이 타깃으로 삼은 서비스가 하나둘 늘어나고 있다.

새로운 직원 복지 영역으로 떠오른 간식 특화 스타트업 '스낵포'가 대표 사례다. 기업에서 간식을 편하게 이용할 수 있도록 사무실 간식 정기 배송, 특별 간식 서비스, 행사용 간식 등 다양한 간식 서비스를 제공한다. 제조사로부터 직납받아 직접 유통하기 때문에 편의점 대비 평균 20~30% 저렴하다. 삼성, SK, 카카오 등 주요 기업을 고객사로 두고 있다. 고객사 빅데이터 분석을 통해 직원들이 좋아할 만한 간식을 골라주는 큐레이션 서비스도 인기다.

'벤디스'는 식대 관리 시장을 파고들었다. 종이 식권, 외상, 법인 카드 등 기업의 전통적인 식대 지급 방식을 모바일 앱 서비스로 바꾼 '모바일 식권'을 내세우며 주목받았다. 이후 기업 복지 포인트몰 운영을 돕는 '복지 대장', 회사 앞으로 식사를 배달하는 '배달 대장' 등 새로운 서비스를 연달아 선보여 사세를 키웠다. O2O 푸드테크 플랫폼 '식신'의 모바일 전자 식권 서비스 '식신e식권'도 비슷한 사례다. 종이 식권, 사원 카드, 법인 카드 대신 앱 하나로 간편하게 사용할 수 있다.

배달 앱을 넘어 SNS도 외식 소비 공간으로 주목받는다. 이른바 '외식업의 라이브 커머스화'다.

이웃 국가 중국에서는 이미 배달 앱이 아

비트코퍼레이션이 운영하는 로봇 카페 '비트'는 주문부터 커피를 받는 모든 과정이 무인으로 운영된다.

식품과 기술이 융합된 '푸드테크'가 F&B 산업의 새 화두로 떠올랐다. 사진은 매경미디어센터 대강당에서 진행된 푸드테크 콘퍼런스.

닌 틱톡이나 인스타그램 라이브 같은 채널로 음식 주문 패러다임이 바뀌고 있다. 음식점 사장이 본인이 장사하는 모습을 틱톡 라이브로 송출하고, 근처에서 방송을 보던 고객이 틱톡에서 바로 배달 주문을 하는 방식이다. 이런 트렌드가 지속될 경우 음식점 사장 입장에서는 유동인구가 많은 '입지'보다 '팔로워' 수가 더 중요해질 수도 있다. 윤승진 만나통신사 대표는 "정육점 사장님이 고기를 손질하는 모습을 3000명이, 시장에서 오리고기를 팔고 있는 소녀의 채널을 5000명이 실시간 시청한다. 버튼 하나만 누르면 바로 주문·결제도 가능하다. 푸드테크에서 중국이 한국의 미래인 만큼 라이브 콘텐츠를 중심으로 한 음식 판매 플랫폼을 지금부터 고민해볼 필요가 있다"고 말했다. 이제 실물경제를 넘어 '메타버스'까지 외식 자영업 시장이 침투할 수 있다는 전망

도 나온다. 물론 현재 기술로는 메타버스에서 음식 맛을 볼 수는 없다. 하지만 주로 사용하는 플랫폼이 기존 PC·스마트폰에서 향후 VR·AR 등 확장 현실 기기로 바뀌면서, 메타버스가 음식을 접하는 새로운 통로 역할을 할 것이라는 기대다. 실제 이디야커피는 메타버스 제페토에 커피 전문점을 운영하고 CU도 편의점을 냈다.

안병익 한국푸드테크협회장(식신 대표)은 "메타버스를 비롯해 '가상'이라는 단어가 F&B업계 키워드로 떠올랐다. 최근에는 '가상 음식'도 화두다. 진짜보다 더 진짜 같은 '대체육'이 확산되고 있고, 화학물질 합성으로 21년산 위스키를 6일 만에 만들어내는 스타트업도 나왔다. 고급 가짜를 의미하는 '클래시 페이크(Classy Fake)' 시장이 커지는 모습"이라고 분석했다.

5대 메가 트렌드 ③
친환경 시대 각광받는 '페이크 푸드'

배양육·단백질 면·보리 커피…미래 식탁 바꾸는 '대체식품'

비싼 가격·낯선 맛과 식감 얼마나 개선할까에 달려

15%.

전 세계 온실가스 중 가축에서 배출되는 양의 비중이다(유엔 농업식량기구 FAO 자료). 전 세계 교통수단이 내뿜는 온실가스양인 13.5%보다 높은 수치다. 온실가스 배출 외에도 토양 오염, 수질 오염, 물 부족, 동물 윤리 등 환경에 미치는 축산업의 악영향은 상당하다.

이런 문제의식에서 비롯된 것이 '대체 식품' 산업이다. 축산업을 대체하는 '대체육'과 '식물성 계란'은 물론 요즘은 '대체 탄수화물'에 심지어 대체 커피와 대체 위스키까지 나왔다. 처음에는 환경 보호 또는 당뇨 환자, 유당 불내증 환자, 임산부 등을 위한 목적으로 개발됐다. 요즘은 갈수록 기술이 개선되며 생산 기간 단축 등

기존 육류와 대체육 장단점 비교

구분		기존 육류	배양육	식물성 고기	식용 곤충
가격	대량 생산 가능성	높지만 한계 존재	기술적 장벽 존재	높음	높음
	생산비용	상승 중	고가	저렴	하락 중
환경	자원 사용량	많음	매우 적음	매우 적음	매우 적음
	온실가스 배출량	많음	잠재적 감소	감소	감소
윤리	동물복지 문제	상존	없음	없음	없음
건강	건강 효과	변화 없음	지방산 조성 개선 철분 감소	단백질 증가 콜레스테롤 감소	단백질 증가 지방 감소
	안정성	변화 없음	검증된 제품 없음	식중독 감소	알레르기 우려
선호	소비자 기호	수요 증가	과학기술 공포증	낮은 식미 문제	혐오감

자료 : 한국과학기술기획평가원

경제성 측면에서도 각광받는다. 우리의 미래 식탁을 책임질 착한 '친환경 대체 식품'은 어떤 것이 있을까.

고기 대신 대체육

● 배양육·식물성 고기·곤충 식품

대체 식품 중에서도 가장 주목받는 시장은 대체육이다. 단백질 등 전통 육류를 대체할 수 있는 성분을 지닌 원료를 바탕으로 구현한 식품을 지칭한다. 배양육, 식물성 고기, 식용 곤충 등이 대표적이다. 배양육은 동물에서 추출한 세포를 영양분이 담긴 세포배양액으로 길러내 고기 맛과 모양을 구현한 것이다. 세계 인구 증가로 도축육으로는 모자란 고기 수요를 충족시킬 수 있고, 환경 문제도 적다는 것이 강점으로 꼽힌다. 네덜란드의 '모사미트', 미국의 '잇저스트' 등이 근위성세포(근육줄기세포)를 사용해 제품을 선보이고 있다.

문제는 비싼 가격이다. 2013년 배양육이 처음 등장했을 당시에는 배양육으로 만든 햄버거 패티 1장 가격이 무려 4억원에 달했다. 고기 세포를 추출해서 길러내는 '배양액'이 비싸기 때문이다. 요즘은 *kg* 당 가격이 400~2000달러(약 50만~250

만원)까지 낮아졌지만 여전히 갈 길이 멀다.

상황이 이렇자 업계 일각에서는 '미세 해조류를 활용한 배양육' 개발이 대안으로 제시된다. 미역 등 해조류를 이용하면 기존 대비 100분의 1 가격에 배양액을 만들 수 있고 윤리 문제도 없다는 것. 국내 스타트업 '씨위드'가 65억원의 시리즈A 투자를 유치해 개발 중이다.

식물성 고기는 대두, 완두, 강낭콩, 보리, 밀, 쌀, 견과류 등 단백질 함량이 높은 식물로 만든다. 이들에서 추출한 단백질을 변형시켜 조직을 형성, 고기와 유사한 식감의 '식물성 조직 단백(Texturized Vegetable Protein · TVP)'을 만드는 공정 기술이 핵심이다. 미국의 '비욘드미트' '굿캐치' 영국의 '말로우푸드', 프랑스의 '오돈텔라(Odontella)' 등이 개발 중이다. 국내에서는 풀무원이 콩에서 추출한 TVP 소재를 사용해 2021년 말 '식물성 직화불고기 덮밥소스 2종'과 비건 냉동밥인 '식물성 불고기 철판볶음밥'을 선보인 바 있다.

'식용 곤충'은 사육이 용이하고 독성이

신세계푸드는 2021년 7월 독자기술을 통해 개발한 대체육 '베러미트(Better Meat)'를 선보이고 샌드위치 등 다양한 메뉴를 판매 중이다.
© 신세계푸드

없으며 영양이 풍부해 식품 원료로 쓸 수 있는 곤충을 활용한 음식이다. 국내에서는 식품위생법상 백강잠, 식용 누에(유충, 번데기), 메뚜기, 갈색거저리(유충), 흰점박이꽃무지(유충), 장수풍뎅이(유충), 쌍별귀뚜라미(성충), 아메리카왕거저리(유충), 수벌번데기 등이 해당한다. 식용 곤충은 대량 생산이 용이하고 사육 비용도 낮아 대체육 중 경제성이 가장 뛰어나다는 평가를 받는다.

농림식품기술기획평가원에 따르면, 볶은 귀뚜라미와 소고기 각 30g을 비교했을 때 전자가 후자보다 단백질 3배, 칼슘은 15배가량 더 높은 것으로 나타났다. 1kg을 생산하는 데 필요한 경작지도 귀뚜라미는 10㎡ 정도에 불과하지만, 닭과 돼지는 약 50㎡, 소는 무려 200㎡에 달한다. 문제는 곤충 식품에 대한 소비자의 혐오감이 크다는 것. 이를 해소하기 위해 분말(가루)을 비롯해 햄버거 패티, 파스타,

초콜릿, 맥주, 두부 등 다양한 형태와 소재로 가공하는 연구가 진행 중이다. 이 시장에 프랑스의 '엔토모 팜', 벨기에의 '고파드 시스터스'와 '비섹트', 핀란드의 '엔티스', 네덜란드 '프로티팜' 등이 뛰어들었다. 국내에서는 '케일(KEIL)' '퓨처 푸드랩' 등이 개발 중이다.

업계에서는 경제성과 소비자 인식이 개선될수록 대체육 시장도 급성장할 것으로 내다본다. 글로벌 컨설팅 업체 AT커니는 세계 육류 소비 시장의 전통 육류와 대체육 소비 비율이 2025년 9:1에서 2040년 4:6으로 역전될 것이라고 밝혔다.

진짜 같은 '페이크 푸드'

● 단백질 면, 식물성 계란, 보리 커피

육류만 '대체'되고 있는 것이 아니다. 각종 식자재를 비롯해 음료와 술에 이르까지, 기존과는 다른 방식으로 '제조'되고 있다. 이른바 '페이크 푸드(Fake Food)'다. 페이크 푸드 탄생 배경은 대체육과 비슷하다. 오리지널과 최대한 비슷한 맛을 내면서도 건강과 환경에 해롭지 않고 제조 시간은 더욱 단축하는 것이 목표다.

'대체 탄수화물'이 대표적이다. 탄수화물은 우리 몸에 꼭 필요한 에너지원이지만 과한 섭취는 '탄수화물 중독'으로 이어져 건강에 악영향을 끼친다. 흰쌀밥, 면, 빵 같이 정제된 탄수화물을 많이 먹다 보면 혈당이 높아지고 비만을 유발해 각종 대사 질환을 유발할 수 있다.

대안으로 떠오르는 것은 '가짜 면'이다. 밀가루 대신 콩 같은 식물성 단백질로 면을 만드는 시도다.

일례로 대체 탄수화물 전문 스타트업 '베네핏츠'는 유전자 조작을 하지 않은 논(Non)-GMO 대두로 만든 생면 제품 '식단면'을 개발·판매 중이다. 베네핏츠는 고급 한식당 '삼원가든' 대표로 유명한 박영식 공동 대표가 창업했다. 박 공동 대표는 "다이어트 중 라면을 먹는 것을 헬스 트레이너에게 들켰다. 그때 '닭가슴살로 만든 라면'이라고 거짓말을 했는데 여기서 영감을 얻어 저탄수화물 고단백질 면을 개발하는 회사를 창업했다"고 뒷이야기를 전했다.

베네핏츠에 따르면 식단면 생면에 함유된 탄수화물(22g)은 라면(69g)의 3분의 1 수준이다. 반면 단백질(36g)은 라면(9g)의 4배, 식이섬유(10g)는 라면(2g)보다 5배 많다. 임산부나 당뇨병 환자처럼 면을 먹고 싶어도 못 먹는 이들에게 특히 반응이 뜨겁다. 2022년 초에는 '바르다김선생'과 협업해 밥 대신 식단면을 넣어 만든 김밥을 선보이기도 했다.

단백질 푸드테크 전문 기업 '알티스트(옛 바이오믹스테크)'도 대체 식품 개발에 박차를 가하고 있다. 알티스트 공식 몰에 들어가보면 단번에 남다른 분위기를 감지할 수 있다. 카테고리부터 '고기 대신' '설탕 대신' '밀가루 대신' 등으로 분류돼 있다.

먼저, 대체육 범위를 기존 소·돼지를 넘어 '생선'까지 넓혔다. 2021년, 편의점 CU를 운영하는 BGF리테일과 손잡고 식물성 참치를 넣은 '채식마요 삼각김밥'과 '채식마요 김밥'을 선보였다. 콩에서 추출한 단백질을 주원료로 활용해 참치의 고소하고 담백한 맛을 구현했다. 2022년부터는 식물성 참치 통조림을 국내 주요 대형마트에서 판매하기 시작했다. 설탕을 대신하는 감미료도 선보였다. 식물성 식재료인 '스테비아'에 과일 포도당을 배합해 단맛을 내는 감미료를 개발한 것. 밀가루는 아몬드 파우더, 타피오카 전분가루 등으로 대체하고 있다.

'대체 유제품'을 개발하는 국내 스타트업도 있다. 식물성 대체 우유 '씰크(XILK)'를 개발한 '더플랜잇'이다. 식품 데이터 분석 기술을 바탕으로 우유와 가장 가까

오리지널과 비슷한 맛과 질감을 구현한 '페이크 음료'도 인기다. '달차컴퍼니'에서 블랙보리와 치커리로 커피 맛을 낸 '페이크 커피'.
©달차컴퍼니

운 맛과 특성을 구현했다. 콩과 해바라기씨에서 추출한 식물성 단백질에 코코넛·올리브 오일을 배합해 우유의 고소한 맛을 낸다. 우유의 유당 대신 천연 포도당인 '슈가애플'을 첨가해 맛과 질감을 최대한 우유와 비슷하게 설계했다.

더플랜잇 관계자는 "콩·아몬드·귀리 등 단일 원료 특유의 맛이 강한 기존 식물성 대체 우유의 단점을 보완했다. 우유를 마시면 소화가 어려운 유당 불내증 환자도 아무 문제없이 즐길 수 있고 침전물도 가라앉지 않는다. 우유뿐 아니라 식물성 단백질로 만든 '대체 계란 노른자', 버터 대신 쓸 수 있는 '베이커리용 계란 대체재' 등 다양한 라인업을 보유하고 있다"고 자랑했다.

'식물성 계란'도 눈길을 끈다. 녹두를 주원료로 한 식물성 계란 '저스트 에그'를 개발한 미국 스타트업 '잇저스트'가 주인공이다. '저스트 에그'는 기존 계란 대비 탄소 배출량 93%, 물 사용량 98%, 토지 사용량 86%를 감축시켰다. 올해 4월에는 SPC삼립과 전략적 파트너십을 체결하고 국내 시장 진출에도 나섰다. 달걀물과 유사한 액상 형태 '식물성 대체 스크램블'과 패티 형태의 '식물성 대체 오믈렛' 2종의 제품을 선보였다.

'가짜 커피'도 등장했다. 차(茶) 스타트업 '달차컴퍼니'에서 만든 '페이크 커피'다. 국내산 검정보리 '흑다향'과 쌉쌀한 맛을 내는 '치커리' 등 무카페인 원재료만으로 만든 음료다. 커피 원두를 전혀 사용하지 않으면서도 커피 특유의 맛과 색을 구현했다. 커피를 줄이고 싶은 직장인은 물론 모유 수유 중인 여성, 카페인 섭취를 제한해야 하는 임산부까지, 커피 맛은 즐기고 싶지만 카페인은 줄이고자 하는 소비자를 공략 중이다. 달차컴퍼니 관계자는 "기존에는 프리미엄 차 제품을 연구했지만 아직 차보다는 커피를 즐기고 싶은 수요가 많다는 점을 깨달았다. 이에 '커피 같은 차를 만들면 되겠다'는 생각에 카페인이 없는 페이크 커피를 개발했다"고 설명했다.

증류·발효 없이 술을 만드는 '페이크 알코올'도 나왔다. 미국 스타트업 '엔드리스웨스트'는 오크통 숙성을 거치지 않고 실험실에서 분자 구조를 바꿔 만든 '분자 위스키'를 선보였다. 위스키 성분 분석을 기반으로 위스키 맛과 향을 내는 화학물질을 배합해 주조한 위스키로, 21년산 위스키와 비슷한 맛을 내는 술을 단 6일 만에 만들어낸다. 가격은 40달러 수준. 엔드리스웨스트는 최근 위스키뿐 아니라 와인과 사케를 선보이기도 했다.

'취하고는 싶은데 숙취는 괴로운' 이들을

위해 아예 알코올 성분을 대체하고자 하는 움직임도 있다. 마시면 취하는 기분은 나지만 숙취가 없고 간 건강에도 해롭지 않은 '인조 알코올'이다. 런던 임피리얼칼리지 연구소장 데이비드 너트 교수는 술 취하는 기분은 나면서 숙취는 유발하지 않는 알코올 대체 분자 '알코신스(Alcosynth)'를 합성해냈다. 기존 주류와 달리 간 기능을 해치지 않아 간경화나 간암을 일으키지 않는다.

대체 식품, 향후 전망은

● 건강 관심·채식 인구 급증⋯'장밋빛'

대체 식품 시장의 전망은 밝다. 건강과 환경에 대한 관심이 커지면서 그 수요가 빠르게 늘어나는 분위기다. 특히 환경 보호에 필요한 사회적 비용을 줄이려는 움직임이 대체육 시장 성장을 가속화하고 있다. 대체육은 기존 소고기 대비 토지 사용량 95%, 온실가스 배출량 87%, 물 사용량 74%를 감축할 수 있는 것으로 알려졌다.

해외에서는 정부 지원도 늘어나고 있다. 미국 국립과학재단(NSF)은 1200만달러에 달하는 대체육 R&D 투자 프로그램을 운영 중이다. EU 역시 2020년 '식품안전 전략(Farm to Fork Strategy)'을 발표하고 식물, 조류, 곤충 등의 대체 단백질 분야의 연구개발을 적극 지원하는 모습이다.

채식을 선호하는 '비건'이 늘어나고 있다는 점도 대체 식품 시장에 긍정적이다. 한국채식연합에 따르면 2019년 기준 국내 채식인구는 200만명 규모로 늘었다. 지난 10년 동안 15배 증가했다. 해외로 범위를 넓히면 비건인구는 2억명에 달한다. 투자도 몰린다. 푸드테크 전문 벤처캐피털 '에그펀더'에 따르면 글로벌 대체 식품 관련 투자가 2016년 1300억원에서 2020년 2조6000억원으로 늘어났다.

류중희 퓨처플레이 대표는 "안 그래도 건강과 환경에 대한 관심이 뜨거웠는데 코로나 팬데믹이 기름을 끼얹은 형국이다. 맛에서 건강으로, 본래 식재료의 목적을 바꾸고자 하는 '리퍼포지션(Repurposition)' 움직임이 글로벌에서 활발하다. 관련 VC 투자도 폭발적으로 증가하는 추세"라고 설명했다.

5대 메가 트렌드 ④
"소맥 안녕"··· 요즘 주류 소비 트렌드

'고급화' 열풍에 와인·위스키 인기 폭발

섞어 마시는 '믹솔로지'···하이볼 대세로

'주(酒)류' 그러니까 술은 외식 자영업과 떼려야 뗄 수 없는 관계다. 소비자가 음식과 어울리는 주류 하나만 곁들여도 외식 자영업자 입장에서는 추가 매출, 그것도 마진이 꽤나 높은 순이익으로 이어진다. 외식 자영업자가 주류 트렌드 변화에 민감하게 반응해야 하는 이유다.

코로나 팬데믹 기간을 거치며 '주류 소비 트렌드'도 달라졌다. '소맥'으로 대표되는 이른바 '마시고 죽자'는 경향은 차츰 희미해져가는 모습이다. 대신 '한 잔을 마셔도 의미 있는 술을 마시자'는 분위기가 2030세대를 중심으로 빠르게 확산 중이다. 소주 한 잔, 맥주 한 캔 마시며 음식을 즐기는 '반주' 문화는 와인·위스키와 함께 '푸드 페어링'이라는 개념으로 진화

과거에는 비주류로 취급되던 '비건 와인'에 대한 관심도 크다. 사진은 신세계L&B에서 비건 와인으로 리뉴얼해 선보인 'G7'. © 신세계L&B

했다. 단순히 느낌만 그런 것이 아니다. 국세청을 비롯해 편의점·마트·주류 수입사 등 유통 채널에서 '통계'로 포착되는 결과다.

트렌드 1
주류 소비의 '고급화'

● 와인·위스키도 더 '프리미엄'하게

술을 찾는 입맛이 점점 비싸지고 있다. 주종을 불문하고 값비싼 '고급 술'이 인

기를 끄는 요즘이다.

'와인'이 대표적이다. 올해 상반기 와인 수입액은 역대 최대를 경신했다. 국내 와인 수입액은 2억9748만달러로 전년 동기 대비 6.2% 증가했다. 여기서 눈여겨봐야 할 점은 와인 수입량은 되레 감소했다는 사실이다. 2022년 상반기 와인 수입량은 3만5104t으로 전년 같은 기간(4만371t)보다 13% 가까이 줄었다. 그만큼 '고급 와인'을 찾는 수요가 늘어난 것으로 해석 가능하다.

부르고뉴 와인 등 고급 와인의 본고장

위스키 인기가 뜨겁다. 사진은 수입사 트랜스베버리지가 판매 중인 버번 위스키 '와일드 터키'. ©트랜스베버리지

인 프랑스산 와인 수입액도 크게 늘었다. 2022년 상반기 수입액은 1억386만달러로 전년(8352만달러) 대비 24.6%나 늘었다. 캘리포니아 나파밸리를 중심으로 한 미국 와인 수입액 역시 전년 동기 대비 17.6% 증가했다. 반면 상대적으로 저가 와인이 나오는 칠레나 호주로부터 수입액은 감소세를 보였다.

고급 양주의 대명사로 불리는 '위스키' 시장도 상황은 마찬가지다. 2022년 상반기 국내 수입 위스키 시장은 약 1620억원으로 전년 같은 기간보다 약 62% 증가했다. 특히 한 병에 수십만원을 호가하는 '싱글몰트 위스키'는 70% 가까이 증가하는 괴력을 뽐냈다. '맥캘란' '글렌피딕' '발베니' '글렌그란트' 등 주요 싱글몰트 위스키 고연산 제품은 없어서 못 팔 정도로 인기. 2022년 개봉한 박찬욱 감독 영화 '헤어질 결심'에 소품으로 등장해 인기를 얻은 '카발란' 역시 올해 상반기 매출이 5배 이상 늘었다. 임페리얼로 유명한 드링크인터내셔널의 자회사 '인터리커'의 싱글몰트 위스키 '로크로몬드'는 상반기 판매가 전년 동기 대비 500%

넘는 성장률을 기록했다.

싱글몰트 위스키뿐 아니다. 고연산 블렌디드 몰트 위스키도 역시 인기다. 페르노리카코리아가 내놓은 대표적인 프레스티지 위스키 브랜드 '로얄살루트 21년 몰트', 디아지오에서 파는 전 세계 판매 1위 스카치 위스키 '조니워커 블루' 등이 대표적이다.

경기 일산에서 위스키바를 운영하는 정도성 씨(가명)는 "값비싼 술을 한 잔씩 마시는 '잔술 문화'가 확산되면서 고가의 위스키 소비가 폭발적으로 늘었다. 코로나 팬데믹을 거치며 위스키 품귀 현상이 극심해졌다. 규모가 작은 소형 위스키바들은 제품을 구하지 못해 전전긍긍할 정도"라고 설명했다.

트렌드 2
'비주류'의 반란

● 버번 위스키·오가닉 와인·수제맥주

'비주류'로 분류돼 큰 주목을 받지 못했던 술도 요새는 없어서 못 판다. 소비자 기호가 다양해지고 독특한 제품을 찾는 수요가 늘면서 주류 시장 전반에 활기가 돌고 있다.

와인만 해도 그렇다. '와인 하면 레드'라는 기존 통념이 무색할 정도로 최근 레드 와인 판매 성장세는 지지부진하다. 반면 '화이트 와인' '스파클링 와인' '내추럴 와인' 등이 점차 점유율을 넓혀가고 있다. 2022년 상반기 샴페인을 비롯해 스파클링 와인 수입액은 4810만달러로 지난해 같은 기간보다 32.1% 늘었다. 화이트 와인 수입액 역시 6.4% 성장한 5361만달러를 기록했다.

'친환경 와인'도 주목받는다. 신세계L&B 주류 전문 매장 '와인앤모어'는 유기농·내추럴·비건 와인 등 친환경 와인을 전문으로 파는 '오가닉앤모어'라는 코너를 마련하고 총 350여종 와인을 판매 중이다. 2021년 와인앤모어 친환경 와인의 연

고급 양주의 대명사로 불리는 '위스키' 시장은 연 성장률 70%를 기록할 만큼 빠르게 커지는 중이다.

간 매출은 직전 연도보다 96%가량 증가했다.

신세계L&B 관계자는 "과거에는 유명 브랜드나 특정 원산지에 대한 선호도가 높았지만, 최근에는 다르다. 와인 애호가가 아닌 일반 소비자도 모바일 와인 애플리케이션을 이용해 와인 정보를 파악한 후 마음에 드는 와인을 선택하는 경향이 강해지고 있다"고 설명했다.

위스키에서는 '버번 위스키'가 대세로 부상했다. 한 병에 수십만원씩 하는 싱글몰트 위스키와 달리 4만~5만원에도 충분히 구입 가능해 지갑이 얇은 MZ세대에 특히 인기가 좋은 편이다. 버번 위스키는 옥수수를 51% 이상 사용해 화이트 오크의 안쪽을 불로 그을려 만든 술통에 숙성시켜 만드는 술로 캐주얼한 이미지가 강한 '가성비 위스키'로 주목받는다.

유통업계도 버번 위스키 유통망을 확대하기 시작했다. GS25가 2022년 6월부터 판매한 버번 위스키 '켄터키스피릿' 10개 배럴 중 3개 배럴에 해당하는 500여병이 판매 시작 하루도 되지 않아 팔렸다. 신세계L&B는 2021년 11월 전 세계에서 두 번째로 많이 팔리는 버번 위스키 브랜드 '에반 윌리엄스'를 국내에 선보였다. 9개월 만에 누적 판매량 9만6000병을 기록할 정도로 큰 인기를 누리는 중이다. 트랜스베버리지가 2022년 6월 선보인 '와일드 터키 프라이빗 배럴'에 대한 반응도 뜨겁다. 리큐어 스토어, 스마트 오더 등에 업로드되자마자 일주일도 안 돼 준비한 물량이 완판됐다. 와일드 터키 2022년 상반기 매출은 전년 대비 234% 늘어난 바 있다.

'주류 다변화'가 가장 두드러진 주종은 역시 '맥주'다. 오비맥주·하이트진로 등 기존 대기업뿐 아니라 소규모 브루어리들이 갖가지 '수제맥주'를 쏟아내면서 취급 제품 수가 급격히 늘었다. 2021년 '곰표 밀맥주' 대란을 기점으로 수제맥주 매출과 가짓수가 폭발적으로 늘어나고 있다. 2022년 6월 CU 수제맥주 매출은 전년 동기 대비 170.4%, 같은 기간 이마트24는 268% 증가했을 정도다. 편의점 4사에서 올해 새롭게 선보인 수제맥주만 60가지에 달한다.

트렌드 3
섞어 마셔 '믹솔로지'

• '하이볼' 인기에 '토닉워터'도 껑충

취향에 맞게 술을 직접 섞고 만들어 즐기는 '믹솔로지(Mixology)' 트렌드도 빼놓을 수 없다. 집에서 소비자 스스로 칵테

위스키를 탄산음료와 혼합해 먹는
'하이볼' 인기가 위스키 시장 성장을
견인 중이다. 사진은 페르노리카 '발
렌타인 파이니스트'.
© 페르노리카코리아

일을 만들어 먹는 '홈텐딩(홈+바텐딩)'에
대한 관심이 커지는 중이다. 외식 자영업
자 입장에서도 소비자 입맛 변화에 맞게
메뉴 수정에 나서야 한다. '하이볼' 넓게
보면 '칵테일' 메뉴를 늘리는 등 대응에
나설 필요가 있다.

위스키에 탄산음료를 섞어 마시는 '하이
볼'은 최근 높은 인기를 구가 중이다. 과
거 일본식 선술집에서나 볼 수 있던 하이
볼은 최근 일반 음식점에서도 쉽게 만날
수 있을 정도로 대중적인 음료가 됐다.
위스키보다 도수가 낮은 덕분에 음식과
함께 먹기도 편하다는 장점이 있다. 강남

에 위치한 칵테일바 '만타'에서 근무 중
인 김진환 바텐더는 "하이볼은 증류주와
탄산수를 섞기만 하면 되는 음료로 누구
나 쉽게 만들 수 있다. 높은 알코올 도수
탓에 접하기 어려웠던 다양한 증류주를
보다 쉽게 즐길 수 있는 방법으로, 주량
이 세지 않은 이들도 맥주를 대신해 즐거
운 술자리를 가질 수 있는 콘텐츠로 자리
잡고 있다"고 설명했다.

하이볼 인기 덕에 '탄산수' 시장도 웃는
다. 하이볼 제조에 주로 쓰이는 '토닉워
터'가 대표적이다. 최근 3년간 토닉워터
시장 규모는 100억원에서 300억원대까

지 성장한 것으로 집계된다. 2022년 상반기 하이트진로의 '진로토닉워터' 매출은 지난해 같은 기간보다 50% 이상 늘었다. 상황이 이렇다 보니 주류사들도 처음부터 '하이볼 패키지'를 내놓는다. 신세계 L&B는 2022년 2월 위스키 에반 윌리엄스 블랙 1ℓ 제품과 하이볼 전용 잔을 함께 구성한 하이볼 패키지를 선보였다. 이마트 트레이더스를 통해 8000개 한정 수량으로 선보인 하이볼 패키지는 판매를 시작한 지 한 달도 채 되지 않아 완판될 정도로 큰 인기를 누렸다. 발렌타인 역시 2022년 4월부터 '발렌타인 7년 버번 피니쉬'와 '발렌타인 파이니스트'를 활용한 발렌타인 하이볼을 선보이고 있다.

아예 '섞어 만든 술'을 콘셉트로 한 제품도 속속 나오고 있다. GS25는 하이트진로와 손잡고 2022년 5월 '소맥'을 제품화한 '갓생폭탄 맥주'를 선보였다. GS리테일 MZ세대 직원이 기획한 맥주로, SNS상에서 '소맥 황금 비율'로 알려진 '소주 1/3잔+맥주 1/2잔' 비율의 맛을 구현한 '소맥 맥주'다.

수제맥주 스타트업 더쎄를라잇브루잉 역시 맥주에 사이다를 섞은 칵테일 맛을 낸 '맥싸'를 선보였다. 맥주와 사이다를 2 대 1로 섞는 레시피로 통상 맥주보다 도수(3.2%)가 낮아 저도주를 즐기는 MZ세대에 인기가 많다.

막걸리도 믹솔로지 트렌드에서 '핫'하다. 국순당은 2022년 6월 롯데칠성음료와 손을 잡고 신제품 '국순당 칠성막사'를, 서울장수는 파리바게뜨와 함께 '장수 막걸리 쉐이크'를 선보였다. 특히 장수 막걸리 쉐이크는 출시 약 두 달 만에 30만잔 넘게 팔릴 정도로 주목받았다.

트렌드 4
술에 '스토리'를 담아라

● 연예인이 직접 기획…술 OST도 나와

이제 술에도 '스토리텔링'이 필요한 시대다. 단순히 맛은 물론 '재미'와 '개성'까지 녹여내야 술이 팔린다. 외식 자영업자 입장에서 고려해야 할 포인트는 두 가지다. 첫째, 재미와 개성을 갖춘 인기 주류를 매장에 들여오는 일이다. 둘째, 본인이 판매하는 술과 서비스하는 음식 사이의 연관성을 발굴해 스토리텔링을 갖추는 것이다.

최근 연예인 등 셀럽이 직접 기획한 술이 인기를 얻는 것도 같은 맥락이다. 단순한 소주가 아닌, 셀럽의 개성이 담긴 맛과 디자인에 힘입어 큰 사랑을 받고 있다. '임창정 막걸리' '김보성 소주' '보아 맥

수제맥주 기업 더쎄를라잇브루잉은 '이마트24 화성점'의 점장 '원둥이'와 '바나나행성맥주'를 성층권으로 쏘아 보내는 우주 마케팅으로 업계 이목을 집중시켰다. © 더쎄를라잇브루잉

주' 등 셀럽과 협업한 각종 술이 잇달아 판매를 시작했다.

그중에서도 아티스트 박재범의 원스피리츠가 GS25에 단독 판매하는 '원소주 스피릿'은 카스와 참이슬 후레쉬의 아성을 넘어설 정도로 판매 열기가 뜨겁다. 나오자마자 바로 GS25 전체 주류 상품 매출 1위를 차지한 이후 순위를 계속 유지하고 있다. 차별화된 디자인도 인기 포인트 중 하나다. 라벨에는 한국 전통 자개를 모티브로 전복 껍데기 무늬의 홀로그램박을 넣어 세련된 이미지를 강조했다.

술마다 제품을 표현하는 OST가 생기는 날도 멀지 않았다.

'쥬시후레쉬맥주' '불닭맥주'로 유명한 더쎄를라잇브루잉은 최근 농심 새우깡과 컬래버해 만든 '깡맥주'를 주제로 음원을 발표한다. '손이 가요 손이 가'로 익숙한 새우깡 CM송을 EDM 버전으로 편곡해 만든 노래로, 향후 각종 뮤직 페스티벌에도 참가할 예정이다. 깡맥주에 앞서 선보인 '고길동에일' 역시 가수 설운도의 '나침반'을 편곡한 노래를 내놓는다. 만화영화 '아기공룡 둘리'의 캐릭터 고길동이 부른 노래에서 영감을 얻었다.

전동근 더쎄를라잇브루잉 대표는 "수제맥주 홍수 시대에서 콘셉트가 분명한 제품, 또 재미있는 스토리를 만들기 위해 노력하고 있다. 최근 이마트24와 함께 선보인 수제맥주 '바나나플래닛'도 그중 하나다. 이마트24 캐릭터인 우주 원숭이 '원둥이' 옆에 맥주를 태워 성층권으로 쏘아 보내는 퍼포먼스를 통해 우리 브랜드의 비전을 표현했다"고 말했다.

5대 메가 트렌드 ⑤
자본 밀려드는 외식 시장

뜨거운 맛집 열기에 몰려드는 '자본 큰손'
외식업에서 '외식 산업'으로 업그레이드

코로나19에도 불구하고 '맛집' 열기는 잦아들 줄 모른다. '사회적 거리두기'로 2인 식사로 제한할 때도 이들 식당은 여전히 줄이 형성되고는 했다. '맛집 잡는(예약, 입장 등) 능력이 권력'이라는 말이 괜히 나오는 말이 아니다.

맛집의 파괴력, 영향력이 커지면서 산업 트렌드를 주도하는 분위기다. 인기 맛집은 자본 시장에서도 인기다. 큰손들이 앞다퉈 달려들어 투자한다. 자본 유입이 많아지면서 외식업이 아닌 '외식 산업'으로의 진화가 본격화됐다. 자본 시장이 주목하는 식당들의 특징은 무엇일까.

새로운 K푸드 성공 방정식

● 기존 관념 뒤집는 방식 속속 등장

주목받는 식당 유형 1.
음식을 '콘텐츠'화하라

몽탄 우대갈비, 런던 베이글.

두 음식의 공통점은 2개다. 하나는 국내 음식점이 '만들어낸' 음식이라는 것, 둘째, 요리가 일종의 '콘텐츠'처럼 국내 사회에서 신드롬을 일으켰다는 점이다.

우대갈비는 본래 국내 소 정형 기준으로는 나오지 않는 부위다. 일반적으로 국내 소고기 요릿집은 갈빗살을 하나의 부위로 취급해왔다. 따로 갈빗대를 분리해 만들지 않았다. 조준모 몽탄 대표는 이 관점을 비틀었다. 소갈비 중에서도 크기가 큰 6·7·8번 갈빗대를 뼈째 잘라 '우대갈비'라는 새로운 부위를 창조했다.

여기에 조리법도 기존에 보기 힘든 방식을 채택했다. 전남 무안군 몽탄면의 짚불구이 방식에서 영감을 받아 짚불로 초벌하고 다시 불판에 구워주는 요리법을 도입했다. 먹음직스러워 보이는 고기의 모습과 짚불 향 덕분에 몽탄은 유명세를 탔다. 난생 처음 보는 소고기 형태에 MZ세대를 비롯한 젊은 고객이 식당으로 몰려들었다. 우대갈비가 하나의 '콘텐츠'로 자리 잡으면서 기존 정육업계도 '우대갈비'라는 용어를 쓰기 시작했다. 현재는 원래 있던 고기 부위로 받아들여질 만큼 자리 잡았다. 인기를 끌지만 매장은 추가로 내지 않는다. 조 대표는 몽탄을 서울에 추가로 낼 생각이 없다. 2호점과 3호점은 각각 제주도와 미국 LA에 낼 예정이다. 가맹도 받지 않는다. 전부 직영으로 운영한다. 음식점의 콘텐츠인 '우대갈비' 가치를 극대화하기 위해서다. 이를 통해 몽탄만의 '우대갈비'는 어디서나 맛볼 수 있는 음식이 아니라는 점을 강조한다.

종로구 런던동이라는 유행어를 만들어낸 '런던 베이글 뮤지엄'은 런던 베이글이라는 생소한 음식을 만들었다. 본래 베이글은 뉴욕을 상징하는 빵이다. 폴란드 등지에서 거주하던 아슈케나짐(동유럽계 유대인)이 먹던 전통 음식으로, 이들이 미국 뉴욕으로 이주하면서 본격적으로 유명해졌다. 국내에서도 베이글로 유명한 음식점들이 가게 이름에 뉴욕을 강조하는 이유다. 런던 베이글 뮤지엄은 이런 고정관념을 비틀었다. 누구나 이름을 붙이는 뉴욕 대신 앞에 런던을 붙였다. 런던의 소규모 유대인 커뮤니티가 운영하는 '브릭 레인'의 감성을 가져왔다. 브릭 레인이 현지에서는 유명하지만 국내에서는 잘 알려지지 않았다는 점에서 착안했다. 반응은 폭발적. 영국 감성과 베이글이라는 조합은 신선하다는 평가를 받으며 인기를 끌었다. 특히 젊은 세대 사이에서는 하나의 콘텐츠로 꼭 가봐야 할 맛집으로 자리 잡았다. 런던 베이글의 막강한 파급력 덕분에 기존 베이글 맛집들을 제치고 '핫플레이스'로 등극했다.

주목받는 식당 유형 2.
상권을 직접 '개척'한다

기존에는 맛집이 상권을 찾아다녔다. 목이 좋은 곳에 음식점을 차리는 것은 '기본 중의 기본'으로 꼽혔다. 흥행이 보장된 지역에서 장사를 하는 덕분에 성공 확률이 높았다. 그러나 이는 장점만큼 문제도 많았다. 상권이 좋을수록 임대료가 기하급수적으로 올라갔다.

최근에는 다양한 브랜드를 한군데 모아 하나의 상권을 살려내는 방식이 주목받는다. 익선·창신동, 대전 소제동을 탈바꿈시켰다는 평가를 듣는 글로우서울, 파주를 카페와 도넛 명소로 만든 CIC가 대표적인 예다.

낙후된 서울의 구도심 익선·창신동은 글로우서울 진출 이후 서울의 '신상권'으로 떠올랐다. 이미 형성돼 있는 상권

에 진출하는 방법 대신 글로우서울은 '상권을 만든다'는 관점으로 접근했다. 글로우서울의 주특기는 익숙한 풍경 속에 세련되고 젊은 감각을 불어넣는 전략이다. 서울 익선동 거리를 기획하며 살라댕방콕(현 치앙마이방콕), 청수당, 온천집 등 다양한 매장을 열며 없던 상권을 만들었다. 익선동 특유의 옛 정취는 살리되, 젊은 세대가 좋아할 만한 콘텐츠로 가득 채웠다. 창신동 상권에는 도넛정수를 비롯한 힙한 브랜드를 대거 입점시켰다. 해발 120m에 위치해 접근성이 떨어지는 곳임에도, 2030세대 발길이 끊이지 않는다. 유정수 글로우서울 대표는 "지금도 그렇고, 미래에도 중요한 부분은 소비자들이 스스로 찾아오게 하는 공간을 만드는 것"이라고 말한다.

김왕일 대표가 이끄는 CIC는 파주를 카페와 도넛의 명소로 만들었다는 평을 듣는다. 디스플레이 공장, 군사 도시 이미지가 강하던 파주는 세련된 대형 카페가 몰려 있는 도시로 이미지를 탈바꿈시켰다. CIC가 파주에 만든 명소 '더티트렁크'와 '말똥도넛' 덕분이다. 두 브랜드 모두 '교외 지역'이라는 파주의 특성을 십분 활용했다. 땅값이 싸다는 점을 활용해 매장을 크게 지었다. 더티트렁크는 아시아 3대 디자인상을 수상할 정도로 화려

런던 베이글 뮤지엄은 베이글과 런던을 조합시켜 하나의 콘텐츠로 만들었다.

한 인테리어와 압도적인 매장 크기가 특징이다. 말똥도넛은 테마파크 느낌 외관을 내세워 인스타그램을 비롯한 SNS에서 주목을 받았다. 차를 타고 온 소비자들이 '놀러 왔다'는 느낌을 확 받을 수 있게 화려하게 꾸몄다. 김왕일 대표는 "브랜드를 공간에 맞추는 대신, 공간에 맞는 참신한 브랜드를 만드는 것이 주효했다"고 설명했다.

주목받는 식당 유형 3.
해외에서 더 잘나가는 맛집

본촌치킨, 유타컵밥.
한국인이라면 다소 생소하게 들릴 브랜드다. 두 곳 모두 국내에 매장이 없다. 국내에서는 인지도가 없지만 해외로 나가면 이야기가 달라진다. 한국을 대표하는 브랜드로 인기가 상당하다. 높아진 한식의 위상을 이용, 해외부터 집중 공략한 결과다.

본촌치킨의 주 무대는 미국이다. 국내에는 부산 소스 공장만 있다. 직영 매장은 미국에 있으며 태국, 필리핀 등 아시아 지역에는 마스터프랜차이즈(MF) 방식으로 진출해 있다. 판매하는 소스가 주 수익원으로, 매출액의 40%를 차지한다. 프랜차이즈 로열티 수입도 수익의 큰 축이다. 2021년 로열티 수입만으로 140억원대 매출 실적을 기록했다. 코로나19 직격탄을 맞았음에도 매출은 매년 성장세를 기록 중이다. 여러 나라에서 사업을 진행하는 덕분에 매출이 쉬이 꺾이지 않는다. 2021년 340억원의 매출을 거뒀다.

2020년보다 11% 증가한 수준이다.

유타컵밥은 송정훈 대표가 미국에서 창업한 브랜드다. 푸드트럭으로 시작해 현재는 미국에 36개 매장을 거느린 브랜드로 성장했다. 인도네시아에는 현지 업체와 프랜차이즈 계약을 맺고 진출했다. 인도네시아에만 109개의 매장이 있다(2022년 7월 기준). 괴짜 억만장자이자 댈러스 매버릭스 구단주로 유명한 마크 큐반이 투자하면서 유명세를 탔다.

자본 시장이 'K맛집' 주목하는 이유
투자 대상이자 부동산 개발 파트너

다양한 사례의 맛집 성공 사례가 나오면서 외식업 시장을 향한 자본 시장 시선도 바뀌고 있다. 기존 외식업계는 투자자 입장에서는 '재미없는' 시장이었다. 유행에 따라 매출 변동이 극심한 데다 브랜드 수명이 짧은 경우가 허다했기 때문이다. 일부 사모펀드 정도가 제한적으로 외식업에 관심을 기울였다.

그마저도 성과는 크게 좋지 않았다. 모간스탠리PE가 2011년 1100억원대에 인수했던 놀부는 매각하려 했지만 아직도 주인을 찾지 못하고 있다. 대형 M&A라고 해봐야 인지도가 있는 버거킹코리아 매매 등 일부 사례를 제외하면 극히 제한

적이다. 상황이 이렇다 보니 자본 시장과 요식업계는 손발이 맞지 않는다는 얘기가 많았다.

2022년부터 분위기는 사뭇 달라졌다. 사모펀드 등 전문 투자 회사가 직접 투자하는가 하면 부동산 개발·시행 사업에 맛집을 끌어들이는 전문 부동산 투자 업체도 속속 등장하고 있다.

자본 시장에서는 본촌치킨(회사명 본촌인터내셔날) 경영권을 가져온 VIG파트너스가 왕성하게 활동하고 있다. VIG는 2018년 본촌 지분 55%(당시 약 1000억원 기업가치)를 인수했다. 이후 미국, 태국, 베트남 등에서 계속 사세를 확장해나갔다. 2022년 6월 말 기준 본촌치킨은 미국 21개 주에 118개 매장, 그 밖에 해외 매장은 390개로 훌쩍 키웠다. 2025년 미국 상장(IPO)도 염두에 둘 정도다.

VIG파트너스 관계자는 "본촌은 아시아계 미국인이 많이 거주하는 동부, 서부는 물론이고 미네소타, 콜로라도 등에서도 현지인 반응이 뜨겁다. 이런 기조라면 미국 내 매장 1500개, 전 세계 매장 3000개까지 확장 가능하다고 보고 박차를 가하고 있다"고 소개했다. VIG 측은 본촌치킨의 성장성이 높은 만큼 장기 투자를 이어갈 계획이다.

그 밖에도 코로나19 장기화 이후 노랑통

닭, 호치킨, 또봉이통닭, 부어치킨 등 중소형 치킨 브랜드의 M&A가 이뤄졌다. 할리스커피, 투썸플레이스, 공차코리아, 커피빈 등 커피 브랜드도 주인이 바뀌는 등 변동이 많았다. 최근에는 케이스톤파트너스가 역전할머니맥주로 유명한 역전에프앤씨 지분 100%를 1000억원대 초반 가격에 인수하며 화제를 모으기도 했다.

부동산 시장서도 '귀한 몸'

● 시너지타워 맛집 타운 개발로 광주서 대박

부동산 투자업계에도 '맛집 유치가 황금알'이라는 인식이 퍼지기 시작했다.

특히 선봉장으로 부동산 개발 회사 시너지타워가 화제다. 시너지타워는 광주광역시 광산구 월계동·쌍암동 일대 맛집 타운 개발로 크게 주목받았다. 애초 이 지역은 광주광역시에서도 변방으로 분류됐다. 하지만 시너지타워가 3000여평 내외 땅에 '더 시너지 첨단' '포플레이' '보이저첨단' 등의 건물을 세우고 서울에서도 힙한 맛집 등을 유치(분양)해 지금은 광주시 최고 상권으로 떠올랐다. 개발 초기만 해도 주변 지역 평당 땅값은 600만원대였다. 3년 후인 2022년에는 평당 4000만원대로 껑충 뛰었다. 상가를 분양

받은 맛집 사장들도 자본 이득을 기대할 수 있게 됐다.

비인기 상권도 맛집이 부동산 가치를 높이다 보니 요즘은 '귀한 몸' 대접이다.

강남역 뒷골목 비인기 상권 사례가 대표적이다. 2017년 당시 강남역에서 신논현역 사이 뒷길 주택가 땅값은 평당 4000만원대였다. 그런데 2030 여성들이 선호하는 한식주점 '무월'이 들어와 줄 세우기가 시작되면서 상황이 급변했다. 젊은 층 왕래가 많아지자 서서히 주변 부동산 시세도 오르기 시작했다. 무월 외에도 점차 여러 식당이 거리에 속속 들어오면서 상권이 활성화됐다. 2022년 기준 일대 부동산 시세가 평당 1억원 후반대를 호가한다. 서울 종로구 익선동 일대도 글로우서울이 디저트 카페 '청수당', 일식당 '송암여관', 샤브샤브 식당 '온천집' 등으로 맛집 타운을 조성한 이후 땅값이 3배 이상 뛰었다.

요즘 유행하는 부동산 조각 투자도 '맛집'이 들어가야 흥행이 되는 분위기다.

부동산 조각 투자 플랫폼 '소유'는 다운타우너 안국을 상장했다. 청약에 신청한 사람들이 다운타우너 안국이 입점한 건물의 수익증권을 사들이는 방식이다. 임차인의 임대료를 배당으로 지급한다. 2022년 8월 첫 배당을 지급했다. 고정 임

대료를 받아 배당하는 일반 부동산 조각 투자와 달리, 다운타우너 안국은 임차인 매출에 따라 임대료가 바뀐다. 다운타우너 안국 매장의 실적이 좋을수록 투자자가 받는 배당금도 올라간다. 반면 실적이 감소할 때는 배당금이 줄어들 위험이 있다. 리스크가 다소 있음에도 투자 열기는 뜨거웠다. 개시 2시간 51분 만에 106만주(53억원)에 해당하는 청약 물량이 조기에 완판됐다. 맛집에 대한 투자자 믿음이 굳건하다는 증거다.

기세를 몰아 소유는 2022년 8월에는 글로우서울이 운영하는 이태원 '새비지가든' 공모까지 성황리에 마쳤다.

사정이 이렇다 보니 건물주나 시행사는 임대료를 파격적으로 깎든지 아예 시행 단계에 맛집을 참여시켜 추가 이익을 나눠 갖자는 식으로 대우를 달리하고 있다. "부동산 자산가가 유명 맛집을 유치하는 이유는 임대 수익률이 아니라 해당 브랜드가 가진 IP 가치를 자산을 반영시키려는 데 있다. 따라서 낮은 수익률에도 유치하는 경우가 많다. 건물 가치가 자연스레 대폭 올라가서 훨씬 이득이기 때문이다. 많은 건물주가 스타벅스나 명품 브랜드 등을 유치하려는 것과 비슷한 이유다." 이혜원 스타로드자산운용 대표의 분석이다.

맛집 산업화하려면 장사 말고 사업을 해야

물론 맛집이 산업화하려면 넘어야 할 산도 많다.

당장 가장 큰 어려움으로 떠오르는 것이 구인난이다. 맛집을 전국화하려 해도 사람 뽑기가 정말 힘들다는 것이 현장 목소리다. 런던 베이글 뮤지엄의 경우 월 8회 휴무 보장, 8시간 근무(휴게 시간 60분, 주휴 수당 제공) 등의 조건에 월 급여 250만원(4대 보험 적용, 인센티브 별도) 등 업계 최고 조건을 내걸어도 지원자가 제한적이라는 후문. 한 요식업계 관계자는 "파트타임 아르바이트 시급을 1만 4000원으로 책정해도 사람 구하기가 하늘에 별 따기"라고 말한다.

이는 미국 등 선진국 사정도 크게 다르지 않다. 김석집 네모파트너즈POC 대표는 "국내는 물론 글로벌 진출을 꾀하는 맛집 회사 입장에서는 현지 인력 시장이 한국과 다른 계약 관계가 무엇인지 등에 대해 좀 더 면밀하게 준비해야 한다"고 조언했다. 주먹구구식 경영을 극복하는 것도 중요하다. 요식업계 종사자 중 일부는 '법인 자산은 내 자산'이라고 착각, 최고급 수입차를 리스로 뽑아 개인적으로 사용하거나 회삿돈을 함부로 현금화하다가

조세당국에 철퇴를 맡기도 한다.

IB(금융투자)업계 관계자는 "M&A 실사 과정에서 친인척 명의 자회사에 '일감 몰아주기'를 하는 등 도덕적 해이를 보인 회사가 적잖아 투자하기 어려운 경우가 많다. '사업이 아니라 장사'를 해왔던 사장이 많아 인수 협상이 결렬되는 사례도

꽤 있다"고 귀띔했다.

경기 둔화 조짐도 변수다. 미국 기준금리 인상 기조에 따라 스태그플레이션(물가 인상, 경기 둔화) 조짐을 예상하는 전문가도 많다. 이런 상황에서 '맛집' 이름만 내걸고 무리하게 국내외로 확장하려다가 현금흐름에 무리가 올 수도 있다.

일찌감치 美 진출…
단골 고객이 다른 나라 개척

서진덕 크리츠버거 대표
———
본촌인터내셔널 창업자

Q. 처음 미국 가서 바로 자리가 잡혔나. 어려움은 없었나.

A. 이국땅에서 영어를 못해 겪은 어려움이 가장 컸다. 한국식 치킨으로 가맹점을 유치했는데 가맹점이 생길 때마다 이동 거리가 길어져 장거리 운전으로 고생도 많이 했다. 또한 현지 프랜차이즈 법규를 사전에 익히지 못해 벌금을 내기도 했다.

Q. 8개국으로 확장했는데 비결은.

A. 해외 각국 파트너들은 대다수 우리 매장을 자주 찾았던 단골들이다. 본촌의 음식과 서비스에 감동받은 이들이 본국으로 가면서 사업 파트너 제안을 먼저 해왔다. 미국에 처음 진출해서 겪었던 좌충우돌 경험을 토대로 설명해주면서 신뢰가 쌓이게 됐고 이들이 비교적 안정적으로 해외 각국 진출을 진행했다.

Q. 사모펀드에 일부 지분을 매각한 이유는.

A. 글로벌 브랜드로 성장하던 시기인 2018년, 회사 경영에 대한 깊은 고민을 하게 됐다. 본촌 브랜드를 지속적으로 성장시킬 수 있는지 스스로에게 의문이 들었다. 투자 전문 기업인 VIG파트너스에 경영권을 인계한 이유도 여기에 있다. 3년이 지난 지금 코로나19 위기를 슬기롭게 극복한 VIG파트너스에 감사의 마음을 표한다. 잘한 의사 결정이었다고 생각한다.

GFFG

카페 노티드·다운타우너…
손만 대면 '대박' 외식업계 황태자

2022년 한국에 때아닌 '도넛 열풍'이 불어닥쳤다. 백화점과 주요 상권에 프리미엄 수제도넛 매장이 하루가 멀다 하고 들어서고 인기 매장에는 줄까지 서서 기다리는 진풍경이 연출된다. SNS에서는 젊은 세대를 중심으로 '도넛 인증샷 찍기' '도넛 도장 깨기' 같은 문화가 확산되고 있다.

최근 도넛 열풍 한가운데에 '카페 노티드'가 있다. 카페 노티드가 하루에 파는 도넛 개수만 약 3만개. 2017년 문을 연 청담동 매장은 평일에도 30분은 기다려야 입장 가능할 정도로 사람이 많아 '줄 서서 먹는 도넛'이라는 별칭으로도 유명하다. GS25나 무신사 같은 유명 기업이 앞다퉈 컬래버레이션을 진행할 정도로 그 영향력과 존재감을 인정받고 있다. 그야말로 '대박'이 난 셈이다.

카페 노티드는 'GFFG'라는 F&B 기업이 운영한다. GFFG는 2015년 7월 1호점인 '리틀넥 한남'을 오픈하며 출범한, 아직 7년이 채 되지 않은 신생 기업이다. 하지만 성장 속도는 어마어마하다. 2022년 12월 기준 GFFG가 운영하는 브랜드만 11개, 매장은 40개가 넘는다. 2021년 총 매출액은 700억원에 정직원만 600여명이다. 2022년에는 1000억원 매출을 넘길 것으로 전망된다. 손대는 브랜드마다 대박을 내며 승승장구 중인 GFFG의 비결은 무엇일까.

키워드는 '아메리칸 캐주얼'

비싸지 않은 가격에, 먹는 방식도 편하게

GFFG라는 이름 자체는 생소할 수 있지만 그들이 운영하는 브랜드 이름을 살펴보면 '아~ 거기?'라는 소리가 절로 나온다. 국내 17개 매장을 보유하며 전국구 도넛 브랜드로 거듭난 '카페 노티드'를 비롯해, 카페 노티드 매장 옆에 늘 단짝처럼 붙어 있는 수제버거 전문점 '다운타우너', 압구정로데오 퓨전 한식 맛집으로 유명한 '호족반', 미국 가정식 레스토랑 '리틀넥' 등이다. 이 밖에도 뉴트로 스타일 뉴욕 피자를 표방하는 '클랩피자', 아메리칸 차이니즈를 내세우는 퓨전 중국집 '웍셔너리'가 있다. 여기에 2022년에만 5개 브랜드를 더 냈다. 스시 브랜드 '키마스시'를 비롯해 캐주얼바 '애니오케이션'과 '오픈엔드', 디저트 카페 '미뉴트

빠삐용', 베이커리 카페 '베이커리 블레어' 등이다.

GFFG가 운영하는 브랜드에는 한 가지 공통점이 있다. 바로 '미국식', 그것도 미국에서 저렴하고 편하게 먹을 수 있는 '아메리칸 캐주얼 음식점'이라는 점이다. 도넛·햄버거·피자 등 미국 음식을 대표하는 아이템부터 미국식 한식과 미국식 중식집까지 다양하다.

이는 이준범 GFFG 대표의 이력과 무관하지 않다. 초등학교 6학년 때 미국으로 넘어가 20년 가까이 생활하며 미국 문화를 체득했다. 당시에도 레스토랑 음식보다는 등하굣길 편하게 먹을 수 있는 스트리트 푸드에 더 정이 갔다고. '미

이준범 GFFG 대표

국 음식의 매력과 정취를 제대로 구현한 다면 한국에서도 승산이 있을 것'이라는 게 창업 당시 그의 생각이었다. 이 대표 는 리틀넥 한남 1호점 때부터 매장과 주 방 운영은 물론 메뉴 개발까지 직접 해오 고 있다.

'한 끗'이 다른 디자인

먹는 재미와 함께 보는 재미까지

GFFG 브랜드 매장은 '인증샷 맛집'으로 도 유명하다. 알록달록한 색감의 인테리 어와 독특한 제품 디자인에 힘입어 '사진 예쁘게 나오는 곳'으로 입소문을 탔다. 다른 외식 브랜드보다 인스타그램 게시 물 개수가 많은 이유도 여기 있다. '다운 타우너'와 '카페 노티드' 모두 태그 게시 물 개수가 15만개를 넘어간다.

GFFG 디자인은 오랜 고민과 연 구의 결과다. 다 운타우너를 상징 하는 '서 있는 버 거'가 대표적이다. 다운타우너 첫 매 장을 오픈한 2016 년 초만 해도 수

제버거를 먹을 때 포크와 나이프를 사용 하는 것이 일반적이었다. 재료 단가가 높 은 데다 고급 요리라는 인식이 있었기 때 문. 하지만 이 대표 생각은 달랐다. 나이 프로 버거를 자르자마자 무너져 내리는 데다가 정면에서만 사진을 찍을 수 있어 여러모로 한계가 있다고 봤다.

GFFG는 '포장 패키지'로 문제를 해결했 다. 예쁘게 디자인한, 단단한 '명함 박스' 에 햄버거를 세로로 넣어 버거가 서 있게 만들었다. 덕분에 위에서 사진을 찍어도 버거 모양이 그대로 드러나고, 정면에서 찍어도 포장 디자인이 강조될 수 있었다. 매장을 배경으로 햄버거를 손으로 든 상 태에서 촬영할 수 있다는 장점도 생겼다. 이 밖에도 연노랑 · 연분홍 등 파스텔 톤 으로 칠한 정사각형 박스에 담겨 나오는 '카페 노티드 도넛', 미국 우편 회사를 오 마주해서 제작해 마치 해외 배송을 받는 느낌으로 디자인한 '클럽피자 포장 박

스'도 SNS 인증샷을 겨냥해 제작한 패키지다.

"언젠가는 된다" 근성의 힘

노티드 도넛, 폐업 직전 기사회생

지금이야 대한민국에서 가장 '핫'한 기업 중 하나지만, 불과 몇 년 전만 해도 GFFG 사정은 썩 좋지 못했다. 이제는 노티드 도넛의 상징이 된 '스마일' 로고는 당시 힘들었던 상황을 그대로 보여준다. 도넛을 판매하기 전, 카페 노티드가 케이크 전문점으로만 운영했을 때는 1년 넘게 적자를 면치 못했다. 여기저기서 빚 독촉장이 날아올 정도로 재무 상태가 심각해져 사업을 접을 생각까지 했다. '마지막'이라는 심정으로 도넛 신제품을 선보이면서 넣은 디자인이 바로 '스마일'. '지금은 힘들지만 앞으로는 웃는 일만 생겼으면 좋겠다'는 의미였는데 이게 엄청난 호응을 불러왔다. 이 대표는 "포기하지 않고 계속 사업을 발전해나가려는 노력이 지금의 GFFG를 만들었다"고 말한다. "다운타우너는 '아보카도 버거', 호족반도 시그니처 메뉴인 'NY양념갈비'를 선보이기 전까지는 '맛없다' '특색 없다'는 혹평이 대부분이었다. 매출이 안 나오더라도 제품과 인테리어에 투자를 하고 발전해나가다 보면 어느 순간 그간의 노력이 한꺼번에 시너지를 내면서 폭발하는 순간이 온다"고 설명했다.

GFFG는 향후 브랜드 개수를 30개까지 늘려갈 예정이다. 치킨 버거, 바비큐, 와인 키머스 등 이미 밑그림 작업이 끝난 브랜드도 여럿이다. F&B를 넘어 라이프스타일 브랜드로 거듭나는 것이 이 대표의 목표다. 실탄도 충분하다. GFFG는 2022년 12월 알토스벤처스 등 벤처캐피털로부터 300억 원 규모 시리즈A 투자 유치에 성공했다. "2023년은 스톡옵션 등 직원 보상 체계와 조직문화 개선에 주력할 생각이다. 하와이를 시작으로 미국 진출도 계획 중이다. 매장 하나에서 시작한, 그리고 여전히 사회에서 다소 홀대받고 있는 외식기업이 어디까지 성장할 수 있는지 보여주고 싶다." 이 대표의 포부다.

자영업 선진국은 지금

일본은 오히려 '엔데믹' 맞아 외식업 위기

'외식업의 공업化'
'지역 자원 활용' 중요

"외식에 미래는 있는가. 진정한 위기는 코로나 이후에 (온다)."

일본 경제주간지 닛케이비즈니스(이하 닛케이)가 지난 2022년 8월 보도한 커버스토리 기사의 도발적인 제목이다. 코로나19 팬데믹이 수습되고 '엔데믹'으로 접어드는 시절인데, 오히려 '진정한 위기는 이제부터'라니. 어떤 위기가 온다는 것이고, 근거는 무엇일까.

2022년 8월 일본 외식업의 위기를 커버스토리로 진단한 닛케이비즈니스 표지. '외식에 미래는 있는가, 진정한 위기는 코로나 이후에'라고 쓰여 있다. ⓒ 닛케이비즈니스

飲食店の売却希望件数は
今年に入って急増した
● M&A仲介サイトのバトンズに
登録された飲食店の売却希望件数

150
(件)

100

50

0

1月
2019年

7

1
2020

7

1
2021

7

1
2022年

7

M&A 중개 사이트 '바톤즈'에 등록된 음식점 매각 희망 건수가 가파르게 상승하고 있다.
© 닛케이비즈니스

먼저 닛케이가 일본 외식업이 위기라며 내세운 지표는 M&A 중개 사이트 '바톤즈(バトンズ)'에 등록된 음식점 매각 희망 건수다. 이 수치가 지난 수년간은 월 평균 20~40건 정도에 그쳤는데, 올 들어서는 월 100건을 웃도는 수준으로 늘고 있다는 것이다.

그간 코로나19 팬데믹 동안 일본 정부가 외식 업체에 지급해온 각종 보조금이 2022년 상반기부터 끊기면서, 보조금에 의존해온 식당들 위기가 드디어 수면 위로 나타나기 시작했다는 것이 닛케이의 분석이다.

실제 도쿄에서 고깃집을 운영하는 한 자영업자 A씨의 사례도 소개했다. 그는 팬데믹이 한창이던 2020년 창업해 도쿄도 정부로부터 1300만엔(약 1억3000만원) 넘는 누적 지원금을 받았다. "솔직히 말해서, 나는 코로나 팬데믹이 고통스럽다고 생각하지 않았다"고 말했을 정도다.

'일본의 홍대'에 해당하는 도쿄 하라주쿠 메인 상권 전경. ⓒ노승욱 기자

그런데 2022년 3월 말 일본 정부가 영업 시간 단축 요청을 해제하고 식당에 대한 지원금도 삭감하자, 4월에 곧바로 가게를 매물로 내놨다.

이어 닛케이는 보다 구조적인 문제를 지적한다. 낮은 진입장벽과 생산성, 인건비 상승, 그리고 온라인 소비 활성화에 따른 경쟁 과열 등으로 21세기 초부터 외식업의 위기가 잉태됐다는 것이다. 실제 일본 외식 시장 규모는 1997년 29조엔(약 300조원)을 정점으로 지속적으로 감소해 동일본 대지진이 발생한 2011년에는 22조엔까지 줄어들었다. 그러다 2012년부터 다시 반등하기 시작한다. 방일 외국인과

액티브 시니어가 증가하며 외식 소비가 왕성해진 덕분이다. 그 결과 일본 외식 시장은 2019년 26조엔까지 회복됐다.

그러나 코로나 팬데믹으로 방일 외국인이 사라졌다. 외국인 관광객 수가 팬데믹 이전 수준을 회복하려면 5년 이상 걸릴 것이라는 분석이다. 또한, 액티브 시니어로 불리던 단카이(베이비붐)세대도 2025년이 되면 모두 75세를 넘겨 더 이상 외식 소비의 주체가 되지 못할 전망이다. 즉, 지난 10년간 일본 외식 시장을 지탱해온 두 주체가 사라지는 '2025년 문제'에 직면했다는 분석이다.

패밀리 레스토랑 '로얄 호스트'를 운영하

는 로얄홀딩스의 유키오 키쿠치 회장은 "외식 산업에 우연히 불어닥친 순풍 때문에 2010년대도 개혁이 연기됐다"고 지적한다. 지난 10년간 일본 외식업이 부흥했던 것은 낮은 진입장벽과 생산성 등 구조적 문제를 해결한 결과가 아니라, 신규 소비층 등장에 따른 외부 요인 덕분이었다는 것. 한마디로 '그동안은 운이 좋았고, 이제 그 운이 다했다'는 얘기다.

일본 외식업 위기, 한국에 주는 교훈은

● 낮은 진입장벽과 생산성 등 구조적 문제 같아 안심 못해

이쯤 되면 '한국 외식 시장은 어떤가' 반문하지 않을 수 없다. 결론부터 얘기하면 일본보다는 희망적이지만, 그래도 안심할 상황은 아니다.

우선 우리나라는 팬데믹 기간에도 일본처럼 정부가 자영업자에게 보조금을 많이 지급하지 않았다. 때문에 보조금에 의존해 생존했던 가게가 엔데믹에 줄도산하는 현상은 상대적으로 훨씬 덜하다. 팬데믹 이전 외국인 관광객도 일본에 비해 절반 수준이었고, 국내 베이비붐세대(1955~1964년생)는 단카이세대

(1947~1949년생)보다 10년가량 젊다는 점에서 신규 소비층이 급감하는 문제도 당장은 여파가 작을 것으로 보인다.

그러나 낮은 진입장벽과 생산성 등 일본 외식 시장이 겪는 구조적 문제 자체는 우리나라도 똑같이 마주하고 있는 당면과제다. 한국도 지난 10년간 경기가 저금리, 저물가 수혜를 누리면서 '우연한 순풍'을 실력으로 착각한 것은 아니었나 돌아볼 필요가 있다.

2023년 '3고(고물가 · 고금리 · 고환율) 현상'으로 경기 침체가 장기화될 것이라는 우려가 제기된다. 허리띠 졸라매기가 본격화되면 외식 총수요도 감소할 수밖에 없다. 대신, 가성비와 오락성을 갖춘 맛집이나 감성적 가게로의 '엄선 소비'는 가속화될 것이다. '고난의 행군'을 견디

기 위한 전략을 재점검해야 할 때다.

日 외식업 위기 타개책은

● 규모의 경제·단일 점포
전략·로컬 자원 활용

일본 외식 시장을 되살리기 위해 닛케이가 제시하는 해법은 무엇일까. 우리나라도 큰 틀에서는 외식 시장이 똑같이 어려운 상황인 만큼, 참고할 부분이 있을 듯해 함께 소개한다.

첫째는 외식업의 '공업화(工業化)'다. 맥도날드 등 패스트푸드업계가 대표적이다. 대량 생산 대량 소비를 통한 규모의 경제 효과, 배달·포장에 용이한 간편식 형태, 드라이브스루를 통한 내점 유도 등의 전략 덕분에 패스트푸드는 팬데믹 기간 오히려 매출이 상승했다. 닛케이는 규동, 회전 초밥 등의 메뉴도 패스트푸드와 같은 공업화를 추진할 가능성이 높다고 분석한다.

둘째, 다점포 확장 전략은 지양해야 한다고 강조한다. 1호점이 잘되면 프랜차이즈 식으로 2호점, 3호점을 늘리지 말고, 그곳에 가야만 누릴 수 있는 독창성과 희소성을 제공해야 Z세대 고객이 열광한다는 것. 이때 무엇보다 중요한 것이 '오락'

기능이다.

외식업은 이미 식재료, 조리법은 물론, 요리사에 대한 정보도 온라인을 통해 만천하에 공개된 만큼, 음식 관련 경쟁력만으로는 '집객'에 한계가 있다. 팬데믹 기간 확산된 배달과 간편식(HMR)의 영향으로, 소비자들은 이미 집에서도 얼마든지 맛있는 음식을 즐길 수 있음을 체험했기 때문. 소비자들이 가게를 찾게 하려면, 음식 외의 즐길 거리가 있어야 한다. 일례로 도쿄 에비스에 있는 '자나이 커피'의 경우, 좁은 가게 안에 숨겨진 문이 있고, 특정 수수께끼를 풀어 점원에게 말해야만 비밀 술집으로 들어갈 수 있다고 닛케이는 소개한다. 마치 게임 속 주인공이 된 듯한 재미가 입소문을 타며 2020년 8월 문을 연 지 단 2주 만에 1500건 이상의 예약이 쇄도했다고. 주 고객은 물론 20~30대였다.

셋째, 매장의 개성을 살리기 위해 지역 자원을 활용하는 것도 방법이다.

효고현 아와지 섬에 있는 '바니 바비(Barni Barbi)' 식당은 사람들이 "누가 여기에 가게를 짓겠나" 할 만큼 '나쁜 위치'에 가게를 냈다. 탁 트인 바다 전망은 아름답지만, 그것 말고는 넓은 들판에 오래된 집만 산재한 곳이었다. 그런데 2019년 4월 문을 열자마자 간사이와 시코쿠 지역에서 당일치기 여행자가 쏟아져 들어왔다. 이듬해 여름, 호텔이 문을 열었고, 산책로가 개선되고 오두막, 라면 가게, 카페, 회전 초밥집, 주점 등도 차례로 들어섰다. 급기야 고베시 중심부의 산노미야역 근처에서 출발하는 직행버스 노선도 생겼다. 그 결과 2022년 6월까지 이 식당의 방문객 수는 25만명이 넘어섰다. 1991년 바니바비를 설립한 히로히사 사토(Hirohisa Sato) 회장은 "2017년 여름, 아와지 심의 한 밭에 있는 의자에 앉아 아름다운 해안선을 바라보며 생각했다. '내가 여기 오고 싶은가?' 의자에 앉아 있는 5시간. 저녁에 바다가 빨갛게 빛나기 시작했을 때, 가게를 열기로 결정했다"고 밝혔다.

그가 운영하는 가게는 90개가 넘는데, 이 중 매출의 30%가 '나쁜 위치'에 있는 매장에서 나온다고. 물론 이 전략에도 성공 조건은 따로 있다. 사토 회장은 "가게 주변에 잉여 토지가 많고, 식량이 풍부하며, 지방 정부가 협조적이어야 한다"고 말한다. 농촌 지역에서 프로젝트가 차례로 쏟아져 나오고 있지만 많은 심의 끝에 상점 오픈을 연기한 곳도 있다고.

로컬 상권의 매력을 활용해 오프라인 상권을 살리는 것은 우리나라에서도 유효한 전략이다. 윤석열정부는 2022년 8월 암사종합시장에서 새 정부 소상공인·자영업자 정책 방향을 발표하고 '민간 협업을 통한 행복한 지역 상권 조성'을 핵심 전략으로 꼽았다. 구체적으로는 스타트업의 액셀러레이터처럼, 성장 잠재력 있는 상인들의 성장을 돕고 상권 공간을 매력적으로 재구성하는 '상권 기획자'를 선정, 민간 혁신가와 자본이 지역 상권에 유입되도록 유도한다는 계획이다.

상권 발전 방안 기획, 상인조직 대상 자문·상권 발전 기금 운영 대행, 상가 등 공간 재구성, 유망 소상공인 보육, 적정 임차료·장기 임대 제공 등 소상공인, 혁신가, 주민들이 참여해 상권 활성화를 추진하는 읍면동 단위 '동네상권발전소'와 '동네단위 유통망' '전국중소유통물류시스템'과 같이 지역 소상공인 제품을 동네에서 전국으로 확산시키는 지역(로컬) 유통 기반(인프라)도 구축해나갈 예정이다.

이영 중기부 장관은 "그동안 소상공인, 자영업자는 생계형이라는 인식이 강했으나, 새 정부는 이를 바꾸고자 한다. 우리 동네 소상공인이 국민들의 삶을 행복하게 만드는 혁신 기업가로 거듭나고, 궁극적으로는 벤처, 거대 신생 기업(유니콘 기업)으로 성장하는 씨앗이 되도록 3년 안에 가시적인 성과를 내겠다"고 밝혔다.

계묘년에는 '어떤 신상'이 소비자 마음잡을까

2023 히트 예감 상품
〈닛케이트렌디 선정〉

편의점 헬스장·수소 요리 식당·커스텀 맥주
'개취'·자기관리에 '진심'인 MZ세대 정조준
(개인 취향)

2023년 계묘년에는 어떤 '신상'이 소비자 마음을 사로
잡을까. 기업가라면 누구나 알고 싶은 주제다. 이웃 나
라 사례를 참고하는 것도 방법이다. 일본 경제·트렌드
전문지 '닛케이트렌디(이하 닛케이)'는 최근 '2023년 일
본 히트 예감 상품' 리스트를 발표했다. 새해에 일본 시
장에서 '뜰 만한' 상품이나 이벤트를 영향력, 신규성(참
신성), 판매 경향 등을 기준으로 선정했다. 저출산, 고
령화, 비혼, 1인 가구 등 일본과 트렌드가 비슷하게 흘
러가는 한국에도 시사점이 적잖을 듯해 소개한다.

닛케이트렌디 커버.
©닛케이트렌디

2023년 日 주요 히트 예감 상품

● **편의점식 헬스장, 수소 요리 레스토랑**

결론부터 얘기하자. 닛케이가 꼽은 2023년 일본 히트 예감 상품 1위는 막간을 이용해 가볍게 생활 운동을 할 수 있는 '편의점식 헬스장'이다.

퍼스널 트레이닝(PT) 헬스장을 운영하는 리잡(RIZAP)이 지난 7월 선보인 헬스장 '초코잡(Chocozap)'이 그 주인공. 365일 24시간 무인으로 운영되는 초코잡은 운동을 '틈틈이' 즐기려는 이들을 타깃으로 한다. '운동에 진심'보다는 '자기관리에 진심'인 MZ세대를 노렸다. 강점으로 내세우는 것은 '접근성'. 월 3만원 정도만 내고 회원으로 가입하면 전국 100여개 점포에서 언제든 초코잡을 이용할 수 있다. 기차역, 지하철역 등 유동인구가 많은 지역 위주로 출점 중이고 2023년 3월까지 전국 300개 이상으로 확대할 계획

편의점 헬스장 '초코잡'.
© 닛케이트렌디

이다.

초코잡에 갈 때는 신발을 갈아 신거나 옷을 갈아입거나 샤워 용품을 챙길 필요가 없다. 출근 중이든, 여행 중이든, 지나가는 길이든 잠시 운동이 하고 싶을 때 가볍게 운동을 하는 것이 초코잡의 콘셉트기 때문. 운동 기구 외에도 체성분 측정기, 자가 제모기, 개인실 등을 구비해 미용 관리에 관심 많은 여성 회원도 손짓한다.

닛케이는 "운영과 유지비가 저렴한 초코잡은 근처에 충분한 주차 공간만 있다면 농촌 지역으로 진출하기에도 적합해 보인다. 시골에서는 헬스장이나 미용실을 이용하려면 수십 분간 운전해서 가야 하기 때문이다. 편의점처럼 가볍게 방문할 수 있어 '체육관의 민주화'에 기여할 수 있다"고 호평했다.

2위는 '스텔스 가전'이다. '스텔스 가전' 하면 소음이 적은 조용한 가전인가 싶지만 아니다. '가구 안에 들어간 가전'을 의미한다. '루저 스마트 테이블 STB135'가

'스텔스 가전'. ©닛케이트렌디

대표적이다. 언뜻 서랍이 달린 테이블로 보이지만 실은 냉장고가 숨어 있는 '서랍식 냉장고'다. 용량은 135ℓ로 1인 전용 냉장고 크기다. 무선 스테레오 스피커, 스마트폰 충전 등의 기능도 있다.

스텔스 가전의 좋은 점은 본래의 장소 이외에 '진출'할 수 있다는 것. 가령 서랍식 냉장고는 고기, 야채 등 일반 식재료 대신 과일, 디저트, 안주 등을 넣어 거실에 두면 안성맞춤이다. TV 시청이나 게임을 즐기면서 바로 손을 뻗어 꺼내 먹을 수 있기 때문. 온도는 최고 12℃까지 설정할 수 있어 와인셀러를 대신할 수도 있다.

침대 옆에 두는 사이드 테이블 형태의 소형 제품도 있다. 닛케이는 "지난 7월에는 이케아도 공기 청정기가 장착된 '사이드 테이블'을 선보였다. 일부 스텔스 가전은 이미 공급이 수요를 따라잡지 못할 만큼 인기다"라고 전했다.

3위는 산토리가 선보인 커스텀(Custom) 맥주 '비어 볼(Beer Ball)'. 얼음과 탄산수가 담긴 잔에 16%의 고농도 맥주를 조금씩 부어 원하는 농도로 희석해서 마시는 것이 특징이다. 맥주는 알코올 도수가 2%가 되도록 따르면 뒷맛이 깔끔하고 경쾌한 '라이트 맥주'가 되고, 알코올 도수가 8%라면 진한 감칠맛 나는 탄탄한 맥주로 완성된다. 각자 취향과 기분에 따

개인 취향에 따라 알코올 도수를 조절해서 마시는 '커스텀 맥주'. ⓒ닛케이트렌디

라 도수와 맛을 결정할 수 있어 '개인 맞춤형 맥주'로 불린다.

닛케이는 "이미 도쿄 시부야에서는 칵테일을 비롯한 각종 주류와 음료 100여종을 원하는 알코올 도수로 주문할 수 있는 바(Bar)가 20대 여성을 중심으로 연일 붐비고 있다"며 개인 취향을 중시하고 저도주를 선호하는 Z세대를 겨냥한 주류 시장 변화를 소개했다.

4위는 맛없는 저염식을 맛있게 먹도록 도와주는 마법의 숟가락 '일렉솔트'다. 메이지대의 미야시타 요시아키 연구실과 기린홀딩스가 개발 중인 이 제품은 겉보

짠맛을 증강시켜 저염식을 돕는 '일렉솔트'. ©닛케이트렌디

년 중 상품화할 계획이다.

닛케이는 이와 관련 "저염 식품 전문점과 레시피 책을 취급하는 출판사와 함께 다양한 저염 메뉴를 실제로 시도해 효과를 검증하고 있다. 해외에서는 신맛이나 쓴맛 등을 전기 미각으로 제어하는 연구개발도 진행되고 있다. 미래에는 하이테크 덕분에 다양한 음식 맛을 즐기는 날이 올 수도 있겠다"고 전망했다.

5위는 2023년 4월, 도쿄를 대표하는 번화가 신주쿠 가부키초에 탄생하는 신개념 빌딩 '도큐 가부키초 타워'다. 지상 48층, 지하 5층, 높이 약 225m의 초고층 빌딩인데 오피스 공간 없이 엔터테인먼트와 숙박에 특화돼 있다. 예를 들어 9~10층에는 최신 설비의 영화관이, 68층에는

기에는 보통의 숟가락이나 밥그릇과 거의 다르지 않다. 그런데 인체에 영향을 미치지 않을 정도의 미약한 전류를 흘리면 음식의 짠맛이 보다 강하게 느껴지는 '염미 증강' 효과가 나타난다. 전기를 통해 맛의 느낌을 변화시키는 '전기 미각' 원리를 이용한 것.

일렉솔트를 사용하면 어떤 요리도 평소의 3분의 2로 염분량을 줄여 조리해도 싱겁지 않게 맛있게 먹을 수 있다는 게 제조사 설명이다. 건강을 위해 저염식을 실천하려는 이들의 상당수가 '맛이 없어' 포기하는 문제를 해결하기 위한 아이디어 제품이다. 현재 시제품을 만들어 약 60명을 대상으로 실증 실험 중이고 2023

도큐 가부키초 타워. ©닛케이트렌디

연극과 음악을 즐길 수 있는 극장이, 지하 1~4층에는 신주쿠 지역 최대 규모 라이브 홀이 배치된다. 1~5층에는 푸드 홀과 놀이기구가 들어서고 18~38층은 예술과 음악 등 문화와 엔터테인먼트 요소를 접목한 객실을 마련했다.

도큐 가부키초 타워가 자영업 시장에 던지는 메시지는 두 개다.

첫째는 '집중의 힘'이다. 여가와 오락, 외식 서비스가 집약된 형태에서 기대할 수 있는 매출 시너지다. 고객은 여기저기 돌아다닐 필요 없이 한 공간에서 오롯이 소비 활동을 이어갈 수 있다. 외부 유입 관광객을 대상으로 한 '관광 거점' 역할도

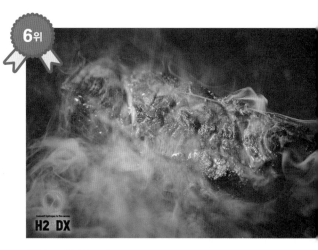

수소로 고기를 굽는 모습. © 닛케이트렌디

해낼 수 있다.

둘째는 '콘텐츠'다. 콘텐츠의 힘이 외식 소비자도 충분히 끌어올 수 있다. 도큐 가부키초 타워는 개업과 함께 '에반게리온'을 테마로 타워 내 모든 콘텐츠를 채우기로 했다. 영화관에서는 에반게리온 영화제를, 극장에서는 에반게리온을 소재로 한 무대를, 라이브 홀에서는 에반게리온 시리즈의 주제가를 부르는 다카하시 요코의 라이브를 순차적으로 개최하는 식이다. 상권을 일부러 찾아오게 만드는 힘, 그것이 콘텐츠 파워다.

6위는 '수소 조리 레스토랑'. 수소는 연소하면 공기 중의 산소와 결합해 수증기가 발생한다. 때문에 직접 불에 구우면 식재료의 수분 증발을 억제할 수 있다고. 이

히트 상품 톱10

1위	편의점 헬스장 '초코잡'
2위	스텔스 가전
3위	커스텀 맥주 '비어볼'
4위	짠맛 증강 식기 '일렉솔트'
5위	도큐 가부키초 타워
6위	수소 요리 식당
7위	라이브 게임
8위	빛 헤어케어 드라이어
9위	NFT 티켓
10위	해리포터 월드

자료 : 닛케이 트렌드

런 원리로 인해 고기나 생선이 겉은 바삭, 속은 촉촉하고 육즙이 풍부하게 보존된다는 설명이다.

수소를 사용한 요리를 가게의 스테디셀러 메뉴로 제공한 가나가와현 후지사와시의 한 식당 셰프는 "식당 입장에서는 연소 효율이 높은 수소를 사용하면 조리 시간을 단축하는 장점도 있다. 맛있는 요리를 빠르게 할 수 있어 다른 셰프들의 관심이 많다"고 말했다.

유통업계에서는 수소가스 전용화로도 등장했다. 가나가와현 하코네에서 고급 료칸을 운영하는 '고라화선'을 포함해 2023년 말까지 50곳 이상에서 수소 요리를 제공할 것이라는 게 닛케이의 전망이다.

신기술로
생활 불편 해소 제품 눈길

● 개인 맞춤 식단 'AI식'
남성 위한 '맨테크'

11위는 인공지능(AI) 기술로 개인 맞춤형 메뉴를 제안하는 AI식(食) '뉴트리시(NEWTRISH)'다. 이용자의 체중·혈압·근육량 등 생체 데이터와 영양소 데이터를 분석해 전용 앱을 통해 개개인에게 딱 맞는 영양 최적식을 제안한다고.

이용 방법은 이렇다. 일단 서비스 이용 전, 개인별 특성을 파악하기 위해 약 2주간 생체 데이터를 체조성계나 활동량계 등으로 측정한다. 이를 통해 최적화된 AI식 메뉴를 추천하면 이용자는 지정된 메뉴만 먹도록 권장된다. 만일 다른 메뉴를 먹었을 경우, 해당 메뉴를 촬영하면 앱에서 화상으로 메뉴를 해석해 영양성분과 열량을 제시한다. 2023년 1월 서비스 시작 예정으로, 월 이용 요금은 미정이지만 '몇 만원' 정도라고만 알려졌다.

15위는 애묘인을 위한 기능성 고양이 사료 '캣 푸드(Cat Food)'다. 특히, 태생적으로 약한 고양이의 신장 기능을 개선하는 치료제가 포함된 식품이 전 도쿄대 대학원 의학계 연구진에 의해 개발돼 주목받는다. 고양이용 치료제 연구를 진행하

'뉴트리시'는 인공지능 기술로 개인 맞춤형 메뉴를 제안하는 서비스다. ©웰나스

다가 코로나19 사태로 인한 자금난에 프로젝트가 중단되자, 하룻밤 사이에 수천 건의 기부가 쏟아져 2억엔 넘는 연구 자금이 모였다는 스토리로도 주목받는다. 2022년 봄에 출시돼 초기에는 일부 애묘인에게만 알려졌으나 갈수록 인지도가 상승하며 인기를 더해가는 중이다.

22위는 프랑스에서 안티(Anti) SNS 열풍을 타고 시작된 사진 공유 앱 '비리얼(Be Real)'이다. 하루에 한 번 무작위로 통보되는 촬영 시간에만 셀카를 찍을 수 있어 일상 속 꾸밈없는 모습을 사진에 담을 수 있다는 것이 특징이다. 촬영한 사진은 필터 보정도 할 수 없다. 지나치게 예쁘게만 포장된 SNS에 피로감을 느낀 이들을 타깃으로 한 역발상 SNS다. 틱톡도 지난

9월 통보 3분 이내에만 촬영할 수 있는 '틱톡 나우'를 선보이는 등 SNS의 문법이 달라지는 조짐이 엿보인다.

24위는 여성향 팸테크(Fam-Tech)에서 아이디어를 얻은 '맨테크(Man-Tech)' 제품이다. 여성만 겪는 질환이나 불편을 해소하기 위한 팸테크처럼, 남성의 그것을 해소해주는 제품들이 눈길을 끈다.

맨테크는 주로 불임 문제 해결에 초점을 맞췄다. 집으로 배달되는 '재택 정자 검사 키트' '정자 동결 서비스' 등이 대표 제품이다. 생식 능력을 분석한 보고서를 온라인상에서 볼 수 있어 병원에 가지 않고도 전문가 상담이 가능하다고. 세탁 가능한 교체 패드가 달린 남성용 요실금 대비 팬티도 맨테크 사례로 언급된다. 정확

사진 공유 앱 '비리얼'은 하루 한 번 무작위로 촬영 시간을 통보한다. 일상 속 꾸밈없는 모습을 공유한다는 점에서 안티 SNS 성향을 띤다.
©비리얼

한 판매량을 공개하지는 않았지만 지난 4년간 매출이 4배 증가했다는 설명이다. 27위는 '풀라이프(FULLIFE)'라는 스타트업이 만든 녹지 않는 얼음 '앤드(&) 아이스'다. 딸기에서 추출한 딸기 폴리페놀로 만든 이 얼음은 천연 보형성 원료 덕분에 약 30분이나 형상을 유지할 수 있다고. 얼음이 잘 녹지 않으니 술이나 음료에 넣으면 맛이 희석되지 않고 오랫동안 차가운 상태를 유지시켜주는 것이 매력이다. 대화를 즐기며 저도주를 천천히 마시는 젊은이들의 스타일에도 어울린다. 형태를 장시간 유지할 수 있으니 하트나 별 모양으로 세공한 것도 재미 요소다. 향후 캐릭터 모양의 얼음 등으로 발전시켜나갈 계획이다. 2023년 초 발매 예정으로, 예상 판매 가격은 250엔 정도다(약 2500원).

뿌링클 가루·과일 소주…
10년 지나서 '난리'

닛케이에서 선정한 히트 상품 리스트를 보면 요즘 일본에서 한류 열풍이 얼마나 뜨거운지 체감할 수 있다. 한국에서 수년 전에 유행했던 상품이 일본에서 뒤늦게 유행하는 경우가 적잖기 때문이다.

일례로 한국에서 10년 전에 유행했던 '참이슬 톡톡'이 일본에서는 2022년 상륙해서 뒤늦게 인기를 끌고 있다. 2022년 4월 일본에 선보인 지 5개월 만에 연간 판매 목표치를 초과 달성했다. 닛케이는 "알코올 도수가 5%로 낮고 탄산이 들어 있어 마시기 좋은 한국 소주"라며 '올해의 히트 상품'으로 선정했다.

최근 일본에서 유행 중인 소주
'참이슬 톡톡'.
ⓒ하이트진로

닛케이가 선정한 2023년 일본 히트 예감 상품 23위는 생활용품 즉시 배송 서비스 '오니고(OniGo)'다. 주문 후 10분 만에 상품이 도착한다고 자랑하는 오니고는 'B마트' '요마트' '쿠팡이츠마트'의 복제판이다. B마트가 이미 수도권을 넘어 대전까지 진출한 반면, 오니고는 아직 도쿄 23구에서만 이용 가능하다. 배송도 오토바이 대신 자전거 위주로 이뤄져 한국과 격차가 크다.

26위는 '뿌링클 파우더(가루)'다. 국내 bhc치킨의 뿌링클 치킨과 판박이다. 닛케이는 "뿌리면 어떤 음식도 맛있어지는 마법의 가루다. 각종 음식에 뿌려 먹는 모습을 보여주는 일본 유튜버들이 주목받고 있다"고 소개한다.

한 외식업계 관계자는 "일본 외식업계에서는 치즈 닭갈비, 달고나 커피, 양념치킨 등 한국에서 유행한 상품들이 뒤늦게 열풍을 일으키는 경우가 적잖다. 이런 현상을 보면 일본의 히트 상품을 한국에 적용하는 것보다 한국에서 유행한 것을 일본에 가서 상품화하는 것이 어쩌면 더 승산이 높을지 모르겠다"고 귀띔했다.

"골목 상권마다 '스타 벤처' 탄생시킬 것"

조주현 중소벤처기업부 차관

서울대 외교학과, 행정학 석사/ 미국 델라웨어대 경제학 박사/ 1994년 제38회 행정고시/ 2011년 중소기업청 소상공인정책과장/ 2017년 중기부 생산기술국장, 기술인재정책관/ 2019년 성장지원정책관/ 2020년 소상공인정책실장, 중소기업스마트제조혁신기획단 단장/ 2022년 5월 중기부 차관(현)

"기업가형 소상공인 육성하겠다."

중소벤처기업부가 밝힌 '새 정부 소상공인·자영업 정책 방향' 내용 중 일부다. 언뜻 들으면 어색하다. '기업가'와 '소상공인'은 층위가 다른 개념 아닌가. 그러나 내로라하는 대기업도 알고 보면 소상공인에서 시작했다. 삼성과 현대도 그 연원을 거슬러 올라가면 국수와 쌀을 팔던 '삼성상회' '경일상회'에 가닿는다. 두산도 우리나라 최초의 화장품 '박가분(朴家粉)'을 만들어 팔던 '박승직상점'이 시초다.

이처럼 "우리 동네 소상공인이 성장하는 혁신 기업가로 거듭날 수 있도록 지원하겠다"는 것이 정부 방침이다. 그간 소상공인을 '보호와 지원 대상'으로 여겼던 정책 기조와 확연히 다르다.

정책 수립에 핵심 역할을 한 이는 조주현 중기부 차관이다. 10년 넘게 중기부에서 소상공인·자영업 정책을 관장해온 소상공인 전문가다. 그를 만나 윤석열정부의 소상공인·자영업 정책 기조를 들어봤다.

Q '새 정부 소상공인·자영업 정책 방향'을 발표했다. 핵심 내용은 무엇인가.

A 그동안 보호와 지원 대상으로만 한정됐던 '소상공인'에 대한 정책을 성장, 혁신, 육성의 대상으로 확장하는 것이 골자다. 물론 소상공인이 여전히 어려운 상황이기는 하지만, 코로나가 엔데믹

에 접어들며 상황이 달라진 부분도 있다.

우선, 소상공인의 '디지털 전환'이 가능해졌다. 가게를 열려면 그동안은 발품을 팔며 돌아다녀야 했지만, 요즘은 수백만 개 상권 빅데이터를 활용할 수 있게 됐다. 이를 기반으로 소상공인 영업을 도와주는 시스템을 만들고자 한다.

둘째, 보호와 지원 대상인 생계형 소상공인과는 별개로, 성장 잠재력이 있는 '기업가형 소상공인'이 적잖다. 이들을 매년 2만명씩 육성해 골목 상권마다 '스타 벤처'가 나올 수 있도록 집중 지원할 것이다.

셋째, 소상공인 개인 성장에서 더 나아가, 지역 상권 활성화도 중요하다. 소상공인과 지역은 떼려야 뗄 수 없는 관계다. 어느 하나가 잘되면 같이 잘되기 마련이다. 상권 살리기에 특화된 기금, 펀드는 물론 상권 기획자도 육성할 계획이다.

Q 스마트 상점·공방을 2027년 7만개 보급하겠다고 밝혔다. 그런데 자영업자 10명 중 6명은 50대 이상이다. 디지털이 생소한 고령층 소상공인도 아우를 수 있는 대책이 마련돼 있나.

A 연령과 배경에 따라 소상공인 간 디지털 격차가 존재하는 것이 현실이다. 따라서 특정 기술만 대량으로 보급하는 것은 옳지 않다. 각 업종별로 필요한 맞춤형 기술을 제안하고, 소상공인에게 선택할 수 있는 기회를 주는 것이 중요하다고 본다. 좋은 기계를 갖다놓고 제대로 활용 못하는 경우도 많다. 기술 활용에 어려움을 겪는 소상공인을 위해 현장 컨설팅 등 교육도 지원할 예정이다. 키오스크나 스마트오더 활용법, 메뉴 사진 촬영과 배치 방법 등을 교육할 계획이다.

Q '기업가형 소상공인' 육성 정책이 신선하다. 기업가형 소상공인의 정의는 무엇이고 어떻게 지원할 계획인가.

A 기업가형 소상공인은 '기업가 정신'을 갖고 혁신과 성장을 위해 도전하는 소상공인을 말한다. 여기서 혁신이란 기존 사업 모델에 안주하지 않고 끊임없이 연구, 도전하는 것이다. 꼭 거창한 내용만 있는 것은 아니다. 온라인 판매를 하며 보다 친절하게 댓글 응대를 하는 것도 해당한다. 이런 서비스 혁신이 모이면 누구나 기업가형 소상공인이 될 수 있다. 스타벅스, 나이키, 백종원 대표도 처음에는 다 기업가형 소상공인으로 시작해 성공했다.

더 나아가 요즘은 '로컬 크리에이터'를 강조한다. 지역 내 다른 소상공인이나 문화 종사자와 연대해 함께 성장하고 지역 명물을 만들어나가는 역할이 중요해졌다. 이런 분들도 모두 크고 작은 기업가형 소상공인이다.

최근 '강한 소상공인 최종 피칭 대회'를 진행한 것도 같은 맥락에서다. 스타트업은 투자자

조주현 중소벤처기업부 차관이 지난 9월 14일 서울 동작구 남성사계시장을 방문해 수해 피해 복구 현황을 점검했다. 사진은 이날 조 차관이 남성사계시장에 위치한 방앗간에서 현장을 둘러보고 있는 모습. ⓒ중소벤처기업부

대상 'IR(투자 유치 활동)'이 일반화돼 있는데, 자영업 분야에서도 '창업 오디션' 형태로 IR을 진행해봤다. 경쟁률이 39 대 1에 달할 만큼 성황을 이뤘다. 이번에는 시범적으로 해봤지만, 이런 대회를 계속 활성화해서 강소상인을 발굴하고 민간 자본이 투입되는 경로를 만들어 나가려 한다. 이를 통해 크라우드펀딩이 하지 못했던 영역을 찾아내고 투자 제도를 개선해 나가는 계기가 되리라 생각한다. 투자업계에서도 많은 관심을 가져주기 바란다.

Q 소상공인에 대한 투자를 늘리겠다고 했다. 어떻게 투자를 하겠다는 건가.

A 이 부분을 의아해하는 분이 많다. 소상공인은 개인사업자고, 지분 형태 주식이 없는데 어떻게 투자하겠냐는 물음이다. 매우 자연스러운 질문이다. 소상공인이 성장하는 단계에서는 스타트업(벤처)과 크게 다르지 않다. 개인사업자에서 법인사업자로 전환하면 투자가 가능해진다.

그런데 중기부는 초기 개인사업자 단계에서도 투자할 수 있도록 하려 한다. 쉽게 얘기하면, 아이디어만 있는 소상공인도 사업을 시작할 수 있도록 투자를 유치해주는 것이다. 일단 기존 '크라우드펀딩' 방식을 활성화하는 방법이 있다. 그리고 개인사업자가 법인 전환할 때 기존 투자자 지분을 어떻게 인정할 것인가에 대해서도 법 제도 개선 방안을 마련해 추진할 생각이다.

Q 미국은 가맹점을 수백수천 개 운영하는 '메가 프랜차이지(기업형 가맹점주)'가 활성화돼 있다. 이들은 투자은행(IB)과 사모펀드로부터 직접 투자도 받고 증시에 상장도 한다.

A 좋은 예시다. 기업가형 소상공인 육성을 위해 은행이 지금보다 더 많은 역할을 해야 한다. 특히 단순 대출보다 기업의 성장 가능성을 보고 역동적으로 투자하는 분위기가 요구된다. 정책 금융 분야에서도 그런 기능을

활성화할 계획이다.

Q '상권 기획자'를 육성해 지역 상권을 '브랜딩'하겠다는 정책도 흥미롭다.

A 전국 소상공인은 600만명이 훌쩍 넘는다. 이들을 정부가 다 직접 육성하기란 불가능하다. 기업가적 마인드가 있고, 지역 상권 장단점을 잘 이해하고 있으며, 타 지역과도 연계할 수 있는 역량을 가진 상권 기획자를 활용할 생각이다.

상권 기획자는 한마디로 '자영업 분야 액셀러레이터(창업 기획자)'다. 액셀러레이터가 유망 스타트업을 발굴하고 투자를 연결하는 식의 인큐베이팅을 해주는 것처럼 공공 부문에서 하기 어려운 유망 자영업자 발굴, 보육 역할을 담당해줄 민간 전문가가 자영업 액셀러레이터다. 이들이 적극 나서면 지역 상권이 활성화되고 '상권 브랜딩'도 가능해질 것으로 본다. 투자 재원은 지자체와 협업해 마련하게 할 것이다. 상권 활성화를 위해 민관의 가교 역할을 할 것으로 기대된다.

Q 정부는 그간 다양한 소상공인 대상 저금리 대출 상품을 내놨다. 그런데 물가 상승, 금리 인상이 이어지며 대출 상환 부담이 커지고 있다.

A 이번 대책을 만들면서 많이 고민했던 부분이다. 중장기적으로는 기업가형 소상공인 육성, 지역 상권 활성화를 추진하겠지만, 당장 어려운 소상공인을 위한 지원책도 마련했다. '새출발기금(코로나 피해 자영업자·소상공인이 보유한 협약 금융 회사의 대출을 차주의 상환 능력 회복 속도에 맞춰 조정하는 제도)'을 발족했고, '대출 만기 연장 최대 3년, 원금 상환 유예 최대 1년' 대책도 추가로 내놨다. 고금리에 힘들어하는 소상공인을 위한 정책도 마련했다. 기존 고금리 대출을 5.5~7% 이하 금리로 갈아탈 수 있는 대환 대출 상품을 8조 7000억원 규모로 지원한다. 코로나 피해를 딛고 재창업, 재도약하려는 분들을 위한 보증 대출 사업도 시작했다. 이런 지원책을 내년에는 올해보다 더 확대해나갈 계획이다.

Q 끝으로 강조하고 싶은 얘기는.

A 정부는 어려운 소상공인을 위한 지원책을 계속 보완해나갈 것이다. 그러나 경제 정책을 운용하는 측면에서는 소상공인을 보호만 하는 것이 아니라, 혁신 성장을 지원하는 정책도 필요하다. 그래야 나라 경제가 부강해지는 계기가 만들어질 수 있다. 이번에 자영업의 디지털 전환, 기업가형 소상공인 육성, 브랜드 있는 지역 상권 키우기 정책을 선보인 배경이다. 정부도 계속 노력할 테니, 소상공인 여러분과 민간 자본 시장도 함께 힘을 모아주기를 부탁드린다.

미국은 '프랜차이즈 기업化'로 결실
韓도 '다점포 점주' 육성에 초점을

1961년 미국에서는 글로벌 프랜차이즈 산업의 한 획을 긋는 역사적 사건이 일어났다. 레이 크록이 맥도날드 형제로부터 상표권, 조리법 등 모든 사업권을 인수한 것. 맥도날드는 연매출 약 22조원, 영업이익 약 6조원(2020년 기준)의 글로벌 기업으로 성장한 데 이어 2020년 디즈니를 제치고 베스트 글로벌 브랜드 9위에 올랐다(인터브랜드 자료). 맥도날드를 필두로 1960년대 성장 가도를 달린 KFC, 버거킹, 피자헛 등도 코로나19 위기에도 아랑곳 않고 여전히 건실한 경영을 하고 있다.

2021년 9월 1일부터 3일까지 미국 라스베이거스에서 열린 '제20회 MUFC'에는 다점포 점주 600여명을 비롯, 코로나19 사태에도 불구하고 총 1800명이 넘는 대규모 인원이 참석했다. ©나건웅 기자

레이 크록의 맥도날드 인수로부터 정확히 30년이 지난 1991년, 우리나라에서는 교촌치킨이 등장했다. 이후 BBQ, 한솥, 편의점 등이 잇따라 등장하며 1990년대를 수놓는다. 미국의 프랜차이즈 산업이 한국보다 30년 앞섰다는 유통업계 '30년 주기설'의 배경이다.

또다시 30년이 흘러 2021년, 한국 프랜차이즈 산업은 어디로 가고 있는 걸까. 미국의 1991년을 반추해보면 답이 있지 않을까. 당시 미국에서는 프랜차이즈의 기업화가 활발히 진행됐다. 가맹점을 2개 이상 운영하는 다점포 점주, 즉 메가 프랜차이지(Mega Franchisee · 다점포 운영 점주나 기업)가 잇따라 등장했다. 현재 미국에서 가장 많은 가맹점을 운영하는 메가 프랜차이지는 플린레스토랑그룹(FRG)으로 피자헛, 웬디스 등의 가맹점을 무려 2355개나 거느리고 있다.

메가 프랜차이지가 늘어나면서 1991년부터 매년 9월 초에 MUFC(Multi-Unit Franchising Conference)라는 행사가 개최되기 시작했다. NUFC에는 메가 프랜차이지와 프랜차이즈 본부 관계자 등 수천명이 참가해 프랜차이즈 성공 전략을 모색한다. MUFC는 크게 두 파트로 진행된다. 성공한 메가 프랜차이지와 프랜차이즈 CEO 등 전문가들이 강연을 진행하는 '콘퍼런스'와 메가 프랜차이지와의 대량 가맹 계약을 노리고 부스를 연 프랜차이

MUFC 행사장에는 총 240여개 부스가 설치됐다. 콘퍼런스에 참석한 다점포 점주와 프랜차이즈 브랜드들은 서로 의견을 나누는가 하면 현장에서 바로 가맹 계약을 맺기도 한다. ©나건웅 기자

즈 본부들의 '창업 박람회'다.

美 메가 프랜차이지 FRG, 피자헛·웬디스 2355개 운영

●30년 뒤처진 韓도 다점포 '시동'… BBQ 年 2배씩 증가

25만개 vs 26만개 vs 45만개.

한국, 일본, 미국의 프랜차이즈 매장 수다. 일본, 미국이 우리나라보다 인구가 각각 2배, 6배 이상 많을 감안하면 우리나라 포화도가 훨씬 높은 셈이다. 이러니 경제활동인구 대비 자영업자 비율은 미국이 약 6%, 일본 약 10%인 데 반해 한국은 20%에 육박한다.

더 문제는 영세성이다. 중소벤처기업부에 따르면 국내 자영업자의 평균 창업비용은 1억200만원. 이 중 본인 부담금은 7500만원에 불과하다. 나머지 약 3000만원은 대출로 조달한 '영끌 창업'이다. 반면 미국은 전체 프랜차이즈의 절반 이상(55%)인 약 23만개가 가맹점을 2개 이상 운영하는 다점포 점주, 즉 메가 프랜차이지 소유다. 이들은 대출 외에도 증시 상장, 사모펀드 인수, 본부의 지분 투자 등 다양한 자본 조달 경로를 지녀 경영 위기에도 훨씬 유연한 대처가 가능하다.

메가 프랜차이지는 위기에 강하다. 미국 메가 프랜차이지 부동의 1위였던 NPC 인터내셔널이 2020년 파산하자 이 회사가 운영하던 피자헛, 웬디스 등의 가맹점 1131개를 플린레스토랑그룹이 통째로 인수했다. 이들 매장에서 일하던 수천 명의 직원 고용 승계는 물론, 매장에 납품하던 협력 업체 매출과 일자리 유지, 지역 상권 활성화 효과까지 1석 3조의 효과를 거둔 것이다. 코로나19 사태로 먹자골목마다 아우성인 우리나라 자영업에서는 상상하기 힘든 풍경이다. FRG는 현재 미국 전역에서 2355개 매장을 운영하는 '세계 최대 가맹점주'가 됐다.

메가 프랜차이지가 지속 성장할 수 있는 비결은 무엇일까.

미국 프랜차이즈 전문 매체 프랜데이터는 7가지를 꼽는다. 이미 분석을 마친 동일·인근 상권에서 추가 출점하는 '지리

적 이점(Geography)', 기존점 성공 사례로 투자자의 신뢰를 얻는 '재무적 이점(Financing)', 성취 경험이 있는 '직원과 운영 시스템(Infrastructure)', 여러 매장에서 제공되는 다양한 '교육·훈련과 근속 효과(Training and Retention)', 구매력 증가로 인한 비용 절감 등 '규모의 경제(Economies of Scale)', 다브랜드·다점포 간 '공동 마케팅·브랜딩(Co-branding)' 그리고 여러 프랜차이즈 본부의 노하우를 집대성한 '시너지(Synergy) 효과' 등이다.

국내에서도 메가 프랜차이지가 계속 증가하는 모습이다. 일례로 BBQ는 다점포 운영 사례가 2019년 90개에서 2020년 154개, 2021년은 303개(8월 말 기준)로 매년 두 배씩 성장하고 있다. 같은 기간 다점포율(전체 가맹점 중 다점포 비율)도 5.6% → 9% → 17.4%로 껑충 뛰었다. BBQ를 가장 많이 운영하는 다점포 점주는 11개나 거느린다.

박진용 건국대 경영학과 교수(전 한국유통학회장)는 "메가 프랜차이지의 가장 큰 강점은 안정적인 일자리 창출이다. 우리나라도 메가 프랜차이지 산업을 육성하고 매장별 지분 투자, 전문 매니저 양성 시스템도 마련해 외식 산업을 고도화해야 한다"고 강조했다.

다점포 점주들의 성공 방정식은

● "직원 관리가 가장 중요"

전문가들이 제시하는 자영업 성공 방정식을 종합하면 크게 3가지다.

첫째, 사업 규모를 키워라. 매장 1개를 운영할 때보다 매장 10개가, 그보다는 매장 100개가 수익 증대와 매장 운영에 효과적이라는 것이 공통된 의견이다. 안경 브랜드 '펄 비전' 매장 82개를 운영 중인 빌 노블 대표는 "끝없는 확장이 생존의 비결이다. 지속적으로 추가 출점을 고민하고 잘되는 매장을 구입하는 데 주저함이 없어야 한다. 한 가게에서 장사가 안 돼도 다른 한 가게에서 방어가 된다. 직원들이 승진할 수 있는 기회도 더 많아지기 때문에 동기 부여에도 효과적이다"라고 말했다.

미국 프랜차이즈 산업 현황

브랜드 수	약 3000개
매장 수	약 45만개
평균 다점포율	55%
최다 운영 메가 프랜차이지	플린레스토랑그룹 (2355개)

※ 2021년 기준   자료 : 미국 프랜차이즈협회(IFA), 프랜차이징닷컴

미국 메가 프랜차이지 순위   단위 : 개

순위	회사명	가맹점 수
1	FLYNN RESTAURANT GROUP	2355
2	CARROLS GROUP	1075
3	SUN HOLDINGS	1045
4	KBP FOODS	895
5	DHANANI GROUP	824

※ 2021년 기준   자료 : 프랜차이징닷컴

다점포가 많으면 매장 간 '선의의 경쟁'을 통한 매출 증대도 기대할 수 있다고. 스쿠터스 커피(Scooter's Coffee)를 수십 개 운영하는 메가 프랜차이지인 조슈아 모리스 대표는 "매일 매장 내 매출과 수익을 계산해 순위를 매긴다. 상위권 매장에는 보상을 확실히 한다. 가게를 계속 늘릴 계획이기 때문에 지금 당장 필요가 없어도 훌륭한 인재가 보이면 즉시 고용

한다"고 말했다.

둘째, '직원 관리'에 힘써라. 25년째 프랜차이즈 사업 컨설턴트로 활동 중인 짐 설리반 설리비전 대표는 다점포를 운영하기 앞서 '드림팀'을 만들어놔야 한다고 말한다. 뛰어난 인재를 미리 영입해놓는 것이 프랜차이즈 사업에서도 가장 중요한 성공 요인이라는 것. 그는 "처음 채용하는 직원 100명을 확실한 사람들로 뽑아서 기업 발전의 초석이 되게 해야 한다. 직원 한 명이 모자라는 것보다 한 명을 잘못 뽑아서 드는 비용이 더 크다. 장기 근속한 직원에게는 더 많은 수당을 주고 동기 부여도 꾸준히 해야 한다"고 조언했다.

'도그하우스' 메가 프랜차이지인 제시 쿤츠 대표도 비슷한 의견이다.

"면접 시 직원의 태도나 인간성을 살핀 뒤 아니다 싶으면 채용하지 않거나 바로 내보낸다. 직원과의 커뮤니케이션, 직업 훈련, 직원 보수 책정은 다점포 운영에서 가장 중요한 요소다. 첫째도 직원, 둘째도 직원이다."

셋째, 코로나19 사태 장기화에 대비하라. 위드 코로나 시대에는 키오스크, 드라이브스루 등 비대면 시스템 도입과 비용 최소화가 요구된다.

"운영비를 아낄 수 있는 IT 솔루션 업체

도 적극 활용하라. 나도 고객 예약과 인사 관리를 자동화하고 키오스크를 적극 도입해 비용을 20% 이상 줄였다. 요즘처럼 인건비가 빠르게 오르고 첨단 기술 사용비는 급락하는 상황에서 IT 솔루션에 관심을 갖는 것은 선택이 아닌 필수다." 할랄가이즈 10개를 운영하는 폴 트란 씨의 주장이다.

"유럽도 메가 프랜차이지 확산 중… 더 많은 일자리 제공 효과"

테어리스 틸젠

MUFC 설립자

Q. 미국에 메가 프랜차이지가 늘어난 배경은.

A. 미국도 과거에는 평범한 맘앤팝스토어가 대부분이었다. 이들은 보통 한 가게의 사장이 돼 그 가게만 쭉 운영하는 전통적인 자영업자였다. 그러던 1990년께 미국에 경기 침체가 있었다. 이때 많은 사무직(White-collar) 직장인이 퇴사, 자영업을 시작했다. 그런데 이들은 (이전 세대와 달리) 교육 수준이 높고 경영, 마케팅, 재무 분야에서 근무한 경험이 있었다.

가게 하나만 운영하는 것은 역량 있는 (Sophisticated) 점주의 성에 차지 않는다. 첫 가게를 성공시키면, 그들은 해당 시장에 대한 충분한 이해를 바탕으로 다른 분야에서도 기존 점과 상호 보완적인 브랜드를 출점하게 된다. 이것은 누가 시켜서 되는 것이 아니다. 자연스러운 성장(Organic Growth)이다. 프랜차이즈 본부의 지원이 있든 없든, 그들은 새로운 고객을 찾아 나선다. 그렇게 다점포, 다브랜드 출점이 증가하기 시작했다.

Q. 메가 프랜차이지가 프랜차이즈 산업의 미래가 될까.

A. 그렇다고 본다. 한국은 어떤지 모르겠지만, 유럽도 최근 미국처럼 5~20개 가맹점을 운영하는 메가 프랜차이지가 전방위로 확산되고 있다. 코로나19 사태 전 유럽에서 MUFC를 개최했을 때는 동유럽, 서유럽, 일본 등 20개국에서 메가 프랜차이지들이 참석했을 만큼 성황을 이뤘다. 우리는 코로나19 상황을 지켜본 뒤, 조만간 유럽에서 다시 MUFC를 개최할 예정이다.

Q. 한국에서도 메가 프랜차이지가 증가하는 추세다. 조언을 해준다면.

A. 오늘날의 자영업자는 재무, 기술적으로 매우 고도화됐다. 이들을 교육하고 장려하는 것이 중요하다. 메가 프랜차이지는 더 많은 일자리를 제공하는 효과도 있다. 대부분의 자영업은 초기에는 가족, 친지 등 개인(Private) 자본으로 시작하지만, 일정 수준에 이르면 자본 시장의 지원이 필요하다. 미국에서는 프랜차이즈 사업 모델이 투자자들에게 매력적으로 인식되기 때문에 그것이 가능하다. 한국은 아직 프랜차이즈 산업이 초기 수준이다. 다점포 점주들의 성공 사례를 널리 전해보라. MUFC에서 나누는 모든 이야기가 바로 그들에 관한 이야기다.

3~6개 다점포는 운영 애매한 '헬 존' 메가 프랜차이지 간 M&A로 선순환

데이비드 바   매튜 할러

전 미국 프랜차이즈협회장   현직 미국 프랜차이즈협회장

MUFC에서는 한국에서 보기 드문 광경이 연출됐다. 바로 매튜 할러(Matt-hew Haller)

현직 미국 프랜차이즈협회장이 데이비드 바(David Barr) 이전 협회장과 미국 프랜차이즈 산업의 최근 제도 변화와 이슈에 대해 논한 것. 두 인사가 한자리에 모인 것도 이채롭지만, 이들이 가맹 본사가 아닌, 점주들 앞에 함께 나왔다는 것이 인상적이다. 미국 프랜차이즈 시장에서 메가 프랜차이지에 대한 대우가 어느 정도인지 단적으로 보여준다. 두 사람을 만나 선진 프랜차이즈 산업의 노하우를 들었다.

Q. 코로나19 사태에 세계 외식업계가 직격탄을 맞았다. 미국 프랜차이즈 산업은 어떤가.

매튜 할러 A. 지금도 위기를 극복 중이지만 펀더멘털(기초 체력)은 여전히 튼튼하다.

데이비드 바 **A.** 코로나19 사태 발발 직후 첫 2 개월은 대부분의 식당 매출이 급전직하했다. 하지만 이후 배달, 포장, 드라이브스루 마케팅을 강화하며 매출의 80~90% 이상을 회복했다. 특히 백신이 보급되고부터는 코로나19 사태 이전인 2019년을 웃돌 만큼 호황을 맞고 있다.

Q. 한국은 특정 프랜차이즈가 인기를 얻으면 이를 모방한 '카피캣(Copycat)' 브랜드가 우후죽순 생겨난다. 이를 막기 위해 1개 이상 직영점을 1년 이상 운영해야 가맹 사업을 할 수 있게 할 정도다. 미국은 어떤가.
매튜 할러 **A.** 미국은 지식재산권 관련법이 매우 강하다. 그런 규제가 없어도 카피캣은 거의 없다.

Q. 최근 미국에서는 '아마존셀러'를 인수하는 '애그리게이터(Aggregator)' 산업이 각광받고 있다. 더 큰 자본과 노하우를 가진 업체가 성장 한계에 다다른 온라인 쇼핑몰을 인수해 더욱 키우는 시스템이다. 메가 프랜차이지 간 M&A도 '애그리게이터의 오프라인 버전'으로 봐도 될까.
데이비드 바 **A.** 그렇다. 메가 프랜차이지는 3~6개 매장을 운영할 때가 가장 힘들다. 나는 이를 '지옥의 구간(Hell Zone)'이라고 부른다. 여러 매장을 관리하는 담당 매니저를 두기에는

규모가 너무 작고, 그렇다고 혼자 관리하기에는 일이 너무 많기 때문이다. 이럴 때 애그리게이터에 매각하고 자신의 역량을 다른 데 또 쏟으면 선순환이 된다. 매장이 많을수록 대출 금리 등 자본 조달 비용이 줄어드니 대형 업체가 유리하다.

Q. 메가 프랜차이지를 육성하려면 어떻게 해야 하나.
매튜 할러 **A.** 정부 규제를 줄이고 투자를 쉽게 받을 수 있도록 관련 자본 시스템을 정비해야 한다. 물론 일반 자영업자의 소규모 가맹점 운영도 무시해서는 안 된다. 영세 자영업자 보호와 메가 프랜차이지 육성을 함께 지원하고, 이들 간의 조화가 이뤄지게 해야 한다.

Q. 한국 프랜차이즈도 최근 해외 진출에 박차를 가하고 있다. 미국 시장에서 성공하기 위한 팁이 있다면.
데이비드 바 **A.** 미국에서 5~10개 수준 가맹점을 운영해서는 수익은커녕 적자만 누적되기 십상이다. 프랜차이즈가 안정적으로 수익을 내려면 적어도 가맹점이 80개 이상은 돼야 한다. 처음부터 그만한 성장 계획을 갖고 진출할 것을 권한다. 마침 요즘 미국에서는 이국 음식에 대한 관심이 높아지고 있는 만큼 한국 프랜차이즈에도 좋은 기회라고 생각한다.

점포당 매출
한국이 세계 1위
드라마 PPL '대박'

존 치지 국내 500호점 돌파한 써브웨이 CEO

데이비드슨 칼리지 학사/ 에모리대 MBA·JD(Juris Doctor)/ 펩시코 월드트레이딩 최고재무관리재(CFO)/ 펩시콜라 동유럽 CFO/ 센던트 코퍼레이션 차량 서비스 사업부·금융 서비스 사업부 회장 겸 CEO/ 버거킹 회장 겸 CEO/ 2019년 11월 써브웨이 CEO(현)

"미국 코네티컷주 브리지포트에서 작은 점포로 시작한 써브웨이는 50여년이 지난 현재 총 104개국 3만7000여 매장을 가진 글로벌 아이콘이 됐습니다. 그리고 오늘 이렇게 한국에서 국내 500번째 매장이라는, 써브웨이의 중대한 이정표를 세웠습니다."

2022년 10월 4일 오후 4시, 서울 망원한강공원에서는 써브웨이의 국내 500번째 매장 출점 기념식이 열렸다. 써브웨이가 1991년 5월 여의도 63빌딩 지하 아케이드에 1호점을 내며 국내에 진출한 지 31년 만의 쾌거다. 2022년 9월 말 기준 매장 수는 516개다. 국내 패스트푸드(QSR)업계에서 500호점 돌파는 맘스터치, 롯데리아, 이삭토스트에 이어 4번째지만, 글로벌 브랜드 중에서는 써브웨이가 처음이다.

기념식에 참석한 존 치지(John Chidsey) 써브웨이 CEO는 펩시코, 버거킹 등 주요 글로벌 F&B 브랜드에서 20여년간 경영자를 역임한 외식업 전문가다. 그는 "한국은 5번째 방문인데 이번에는 11년 만에 왔다. 높은 빌딩이 엄청나게 많아져 매우 인상적이었다. 한국 음식 중 바비큐를 정말 좋아해서 올 때마다 즐겨 먹는다"고 말했다. 다음은 써브웨이의 성공 비결과 글로벌 성장 전략에 대한 존 치지 CEO와의 일문일답.

Q 코로나19 사태로 외식업계가 고전했다. 써브웨이는 어땠나.

A 매장이 작고 주로 포장(Grab&Go) 판매 형태 사업 모델인 덕분에 꽤 잘 견뎌냈다. 또한 팬데믹은 써브웨이의 디지털 전환 노력을 크게 가속화시켰다. 자판기, 키오스크, 드라이브스루 등을 도입한 것이 대표 사례다. 전 세계적으로 온라인 매출은 2021년 기준 20억달러에 달해 2019년 대비 3배 이상 (200%) 증가했다.

Q 써브웨이는 미국에서 가장 많은 가맹점을 거느린 세계 최대 프랜차이즈 중 하나다. 아시아에서는 어떤가.

A 써브웨이는 6개의 주요 글로벌 QSR 체인(버거킹, 스타벅스, 맥도날드, 써브웨이, KFC, 도미노) 중에서 해외보다 미국에서 더 큰 입지를 확보하고 있는 유일한 브랜드다. 현재 미국에서 약 2만개, 해외에서 약 1만7000개 매장을 운영 중이다. 그러나 아시아태평양(APAC) 지역의 많은 인구를 감안하면 해외 매장이 약 3만~4만개는 돼야 한다고 본다. 향후 3~4년 내에 미국보다 해외 매장 수가 더 많아지도록 하는 것이 목표다.

특히, 아태 지역은 성장 가능성이 매우 큰 시장이다. 최근 세계적으로 건강을 중시하는 라이프스타일이 확산되고 있는데 아태 지역도 예외는 아니다. 중동, 중남미까지 감안하면

존 치지 써브웨이 CEO는 펩시코, 버거킹 등 주요 글로벌 F&B 브랜드에서 20여년간 경영자를 역임한 외식업 전문가다. 최근 국내 매장 500호점 돌파를 기념해 11년 만에 생애 5번째로 한국을 찾았다. ©써브웨이코리아

미국보다 10배 이상 매장을 더 확장할 여력이 있다. 그중에서도 한국은 세계에서 가장 빠른 성장세를 자랑한다. APAC 전체 매출에서 약 20%를 차지할 정도다. 2022년 한국 시장 매출은 2021년보다 약 8%, 2019년보다는 20% 이상 성장했다. 2022년 9월에는 아태 지역에서도 역대 최고 AUV(점포당 평균 매출)를 기록했다.

써브웨이는 아태 지역 15개국에서 3300개점을 운영하고 있다. 그중 한국이 500개점을 넘어선 반면, 일본은 아직 400여개 매장뿐이다. 물론 그래서 일본도 성장 잠재력이 큰 기회의 시장이라고 본다.

Q 아태 지역에서 확장하기 위한 써브웨이의 성장 전략은 무엇인가.

A 한 점주 (또는 운영자)가 매장 하나만 운영하기보다는 여러 매장을 동시에 운영

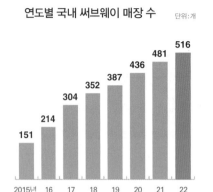

연도별 국내 써브웨이 매장 수   단위:개

- 2015년: 151
- 16: 214
- 17: 304
- 18: 352
- 19: 387
- 20: 436
- 21: 481
- 22: 516

※ 2022년은 9월 말 기준   자료 : 써브웨이

하는 다점포 출점에 힘을 쏟고 있다. 노하우와 통찰력을 갖춘 현지 사업자와 제휴해 각 지역 내 써브웨이 입지를 확대하고 있다. 인도네시아와 태국에서 이런 노력에 시동을 걸었고, 최근 말레이시아에서도 500개점 이상 출점하는 마스터 프랜차이즈 계약을 체결했다. 인도차이나(캄보디아, 라오스, 미얀마, 베트남) 시장도 주시하고 있다. 이를 통해 향후 5년 안에 아태 지역 내 써브웨이 매장을 두 배로 늘려 6000개점 돌파를 목표로 삼았다.

마스터 프랜차이즈와 다점포 출점을 강조하는 것은 써브웨이 글로벌 성장 전략의 핵심(Key Part)이다. 써브웨이는 최근 1년 새 9개의 마스터 프랜차이즈 제휴를 통해 아태 지역과 유럽, 중동, 아프리카, 중남미 등지에서 향후 총 5300개에 달하는 출점을 진행하기로 했다.

Q 맥도날드, 버거킹, KFC 등 경쟁 브랜드와 달리 써브웨이만 유독 한국에서 가맹사업이 활발하다. 비결이 무엇인가.

A 일단 다른 QSR 브랜드에 비해 창업비용이 저렴해 수익성과 투자 회수율이 높다는 게 써브웨이의 차별화된 강점이다. 또한 매장 규모가 작고, 삶거나 튀기는 장비가 필요 없을 만큼 간소화된 운영 모델 덕분에 병원, 공항, 지하철, 공유 주방(Ghost Kitchen) 등 특수 상권에 출점하기에도 용이하다. 이처럼 소자본 창업이 가능하고 노동력도 많이 필요치 않다는 점이 가맹점주에게 보다 매력적인 브랜드로 인정받은 것 같다.

Q 다른 나라와 비교해 두드러지는 한국 소비자의 특성은.

A 한국 써브웨이 고객층은 상대적으로 매우 젊은 편이다. 써브웨이는 한국 시장에서 2010년대 중반부터 PPL 광고를 적극적으로 진행했는데 이 점이 효과를 거둔 것 같다. K드라마와 이준호, 강태오 등 아이돌 연예인 인기에 힘입어 MZ세대 고객층에게 더 가까이 다가갈 수 있었다.

써브웨이는 나라별로 현지화된 마케팅을 하도록 자율성과 유연성을 부여하고 있다. PPL, 스포츠, 음악 등 다양한 수단을 통해 우리 브랜드와 현지 소비자를 연결되게 한다. 그런 점에서 지난 5년간 2배 이상 성장한 한국은 글로벌 본사에서도 거의 손댈 게 없을 만큼 더할 나위 없이 잘해나가고 있다.

써브웨이코리아의 성공적인 PPL 마케팅은 2021년 3월 미국 뉴욕타임스(NYT)가 언급한 '한국 TV의 예상 밖 스타, 써브웨이 샌드위치'라는 제목의 기사로 조명했을 정도로 정평이 났다. 한류 사랑이 각별한 인도네시아에서는 써브웨이코리아가 PPL을 진행한 다수 K드라마 인기 덕에 2000년 10월 완전 철수했던 써브웨이가 21년 만인 2021년 10월 자카르타 현지에 새로 매장을 열며 재진출하는 성과를 거두기도 했다.

Q 매경이코노미 자체 조사에 따르면, 써브웨이코리아 매장의 약 40%가 다점포로 운영 중이며, 최대 9개점 운영 사례도 확인됐다. 다른 브랜드보다 다점포율이 높은 비결은 무엇인가.

A 한 매장을 성공적으로 운영해본 경험이 있는 다점포 점주는 일반 점주보다 자본과 노하우가 풍부하다. 써브웨이는 기존 점주가 추가 출점을 하면 가맹비를 할인해주는 방식으로 다점포 출점을 장려한다. 한 점주가 10~20개씩 운영하는 것도 나쁘지 않다. 운영이 간편하고 소자본 창업이 가능하며 리모델링 비용도 저렴한 편이라는 점에서 써브웨이는 상대적으로 다점포 출점이 용이한 브랜드다. 물론 매장 하나만 잘 운영하는 모델, 즉 신생 점주도 써브웨이의 성장 전략에 있어 필수적인 존재다. 따라서 나라별로 두 매장 형태의 비율을 적절하게 유지하는 것이 중요하다고 본다.

Q 최근 식자재 인플레이션 현상 탓에 외식업계가 어렵다. 써브웨이코리아도 2022년 두 차례나 가격 인상을 단행했다. 인플레이션에 어떻게 대응하고 있나.

A 규모의 경제를 통한 구매력(Buying Power)과 장기 계약을 활용한다. 써브웨이는 50여년 역사를 자랑하는 글로벌 브랜드여서 공급사들과 탄탄한 협력 관계를 유지하고 있다. 덕분에 가격 인상도 경쟁사보다 너무 높지 않게, 적절한 수준에서 단행할 수 있었다. 품질과 저렴한 가격대를 희생하지 않고 비용 인상을 관리할 수 있는 대안을 찾기 위해 협력사와 긴밀하게 조율하고 있는 것은 물론이다.

Q 향후 경영 계획은.

A 현재 1만7000여개 수준인 해외 매장이 4만개는 넘어야 한다. 그런데 매장을 하나만 운영하는 일반 가맹 점주만으로는 성장에 속도를 내기 어렵다. 이 때문에 마스터 프랜차이즈와 다점포 운영사를 육성하는 방향으로 전략을 선회했다. 물론 1만7000여개도 적지 않은 숫자기는 하지만, 보다 고속 성장(Turbo Charge)하려는 계획을 갖고 있다.

글로우서울

죽은 상권도 살려낸 '미다스의 손'
익선·창신동 부활의 주역

서울 지하철 종로3가역 6번 출구. 계단을 올라 나서는 순간 후미진 골목길이 익
선동 구석구석 펼쳐진다. '핫'한 상권으로 떠오른 익선동답게 골목길은 사람들
로 꽉 들어차 있다. 손님들로 붐비는 익선동 골목길에서도 유독 대기열이 긴 골
목이 나온다. 특히 한 카페 앞은 줄 서서 기다려야 할 정도다. 맑은 물이 흐르는
집. '청수당'이다. 그 옆 온천집, 송암여관도 젊은 고객으로 북적이기는 마찬가
지다. 소셜미디어(SNS)상 청수당 관련 포스팅은 1월 기준 3만3000개, 월평균
3000개 이상 올라온다. 온천집도 누적 3만개, 월평균 2800개 포스팅 이상을
기록했다.
익선동 좁은 골목, 고즈넉한 한옥촌에 젊은이들이 북적이는 풍경. 누가 만들었
을까.

글로우서울 어떤 회사

익선·창신동 등 낙후 도심 재생 발군

이런 생경한 풍경을 만든 곳은 글로우서울이라는 회사다. '로컬크리에이터(지역 가치 창출가)'라는 새로운 용어가 나왔을 때 주요 사례로 거론되는 그 업체다.

글로우서울이 하는 일은 뭘까. 오래된 지역, 낙후된 도시 재생 사업을 위한 공간 디자인, 브랜딩 컨설팅 전문 회사다. 브랜드 기획부터 개발, 노하우를 담은 운영까지 총괄한다. 업계 전문 용어로는 '마스터 매니지먼트(총괄 운영)를 제공한다'고 한다.

글로우서울은 서울 익선동 거리 기획을 통해 살라댕방콕(현 치앙마이방콕), 청수당, 온천집 등 다양한 매장을 열며 없던 상권을 만들었다. 도시 재생 부문에서도 선구자다. 대전에서 진행한 소제동 프로젝트가 대표적인 예다. 일제시대 때 조성된 소제동 철도관사마을에는 일본식 건축 양식의 집들이 다수 자리 잡고 있다. 다만 옛 정취는 있으되 편의시설이 부족해 시민에게 외면받았다. 글로우서울은 도시 재생 프로그램(소제동 프로젝트)을 진행, 소제동을 젊은 층이 찾는 문화 공간으로 탈바꿈시켰다.

글로우서울이 곳곳에서 성공 신화를 써 내려가자 유통 대기업도 '러브콜'을 보낸다. 2021년 문을 열어 지역민들은 물론 외지인까지 끌어들인 롯데쇼핑몰 타임빌라스 의왕의 경영 컨설팅, 공간 기획, 디자인을 진행한 곳도 글로우서울이다. 타임빌라스 내 거대한 유리 온실을 연상시키는 '글라스빌'은 자연 속에서 쇼핑하는 느낌을 전하면서 지역 명소로 떠올랐다.

창업자는 유정수 대표. 직장 생활 중 익선동 공간에 매력을 느껴 2015년 부업 겸 카페 '글로우키친'을 열고 지역 개발 가능성을 확인했다. 2018년 지금의 개발 회사를 설립하고 익선동 주변 지주들을 설득, 본격 로컬 크리에이터의 길로 뛰어들어 오늘에 이른다.

맛집 제조기? NO

없던 상권을 만드는 회사

"도심 어디서든 30분 이내에 일본(청수당) 혹은 태국 방콕(살라댕방콕)에 온 듯한 느낌을 주려 했다."

유정수 대표의 설명이다.

그의 기획력을 바탕으로 익선동에는 '글로우서울' 이름 아래 살라댕방콕서부터 온천집, 청수당, 워터밀, 송암여관, 세느장,

도넛정수, 우유소 등 다양한 맛집이 들어섰다. 최근에는 청수당 브랜드를 확장한 청수당 스파(마사지 숍)까지 열었다.

그렇다면 글로우서울은 '맛집' '인스타용 핫플'을 만드는 회사일까? 유정수 대표는 '아니다'라고 잘라 말한다.

"독보적인 콘텐츠를 기반으로 상권에 알맞은 리테일 브랜드를 기획하고 개발해 가맹 사업까지 합니다. 공간에 최적화된 콘셉트를 가진 브랜드 개발을 통해 트렌디한 핫플레이스, 관광 명소 등 새로운 상업 공간을 개발합니다. 또한 축적된 데이터를 통해 초대형 복합몰부터 호텔, 리조트까지 영역을 무한히 확장해나가고 있는 기업입니다."

정리하면 사업 모델은 크게 3가지다. 건물주나 토지 지주(땅 주인)를 위해 해당 부동산을 대리 개발, 운영 총괄하는 사업이 하나, 상권이나 입지가 좋지 않은 낙후된 곳을 글로우서울만의 노하우로 개발하는 지역 개발 사업이 또 하나, 마지막으로 롯데몰처럼 대형 공간 브랜딩, 공간 디자인, 시공 등의 용역 사업으로 나눌 수 있다.

'손대면 대박' 노하우는?

좌석 : 매력적인 공간 = '6:4' 황금률

"익선동 상권은 종로 한복판에 있지만 사람들도 잘 모르고, 찾지도 않고, 버려지거나 하는 빈집이 많았어요. 저는 이런 공간이 상상력과 창의력을 마음껏 펼칠 수 있는 도화지 같은 공간이라고 생각했어요. 그리고 익선동에는 돈으로도 바꿀 수 없는 오랜 세월이 건물에 스며들이 있었죠. 어떻게 하면 공간이 갖고 있는 스토리와 제가 만들어내는 매장의 분위기가 시너지를 낼 수 있을까를 고민했고, 그렇게 연 매장이 모두 성공하더라고요." 유 대표의 설명이다.

이처럼 글로우서울은 익숙한 풍경 속에 세련되고 젊은 감각을 불어넣는 전략으로 각광받는다.

더불어 '상권'에 대한 역발상도 시장에서 먹혔다고. 이미 형성돼 있는 상권에 진출하는 방법도 있지만 글로우서울은 반대로 '상권을 만든다'는 관점으로 접근했다.

"과거에도 그렇고 지금도 그리고 미래에도 가장 중요한 점은 소비자에게 매력적인 공간을 만들어주는 거예요. 익선동과 창신동 프로젝트처럼 소비자들이 직접 가보고 싶어 하며 스스로 찾아가는 공간을 만드는 게 중요하다고 생각해요."

글로우서울이 개발한 서울 창신동 상권은 해발 120m 높이에도 MZ세대들이 운동화를 신고 찾아와 사진 찍고 SNS에 올리는 명소가 됐다.

유 대표는 "공간 기획을 하면서 '익숙함 속에 새로움을 찾아라' '진입장벽이 낮은 단일 메뉴 대신 유행의 기복이 덜한 장르에 주목하라' 같은 성공 법칙도 생겼다"고 자랑한다.

온천집을 예로 들면 단순히 샤브샤브나 스키야키 메뉴를 파는 집이었으면 실패했을 것이라고 했다. 매장의 주요 콘텐츠인 온천을 매장 중앙에 과감하게 배치하고 모든 자리에서 온천을 바라볼 수 있도록 구성했다. 단순히 매출을 끌어올리기 위해 좌석을 촘촘히 배치하는 것이 아니라 모든 사람이 특별한 경험을 누릴 수 있는 개성 있는 공간을 만들면 재방문율과 집객 효과가 극대화된다는 말이다. 유 대표는 "한 끼를 해결하는 목적이 아니라 꼭 이곳에 와야 하는 이유, 이 장소에 방문한다는 것 자체에 의미를 두도록 만들었다"고 부연했다. 소위 '6:4' 황금률 이론이다. 유 대표는 "좌석 비율 6, 매장의 콘셉트를 나타내는 오브제가 4를 차지하도록 하면 공간 성공 확률이 그만큼 높아진다"고 설명한다.

해외 진출 눈앞

온천집 해외서도 첫선 보일 듯

글로우서울은 각종 부동산 개발 회사, 자산운용사, 건물주, 지자체로부터 러브콜을 받고 있다. NICE에프앤아이로부터 60억원 투자를 받았는가 하면 SK디앤디의 부동산 운영·관리 전문 자회사인 디앤디프라퍼티매니지먼트(DDP)와는 임대 주거, 상업 공간 모델 개발을 함께하기로 했다.

유 대표는 "청수당은 단순히 카페가 아니다. 마사지를 받고 힐링할 수 있는 청수당 스파로 사업 영역이 확장된 데 이어 숙박을 할 수 있는 스테이, 나아가 호텔의 형태로도 변화를 꾀하고 있다. 이처럼 안주하지 않고 계속 발전하는 글로우서울 브랜드는 현재 해외 많은 업체로부터 다양한 제안을 받고 있다. 온천집을 비롯한 많은 브랜드를 해외에서도 볼 수 있을 것으로 기대한다. 이미 영어, 일본어, 인도네시아어 숙련자를 채용하는 등 세계로의 발판을 열어두고 있다"고 소개했다.

'대한민국 자영업,
어떻게 살릴까'

노동 → 자본 → 기술·경험 집약
대한민국 자영업 '3.0 시대'를 바라보며

대한민국 자영업 시장은 IMF 외환위기 이전과 이후로 나뉜다. 구조 조정으로 인해 실직자가 대거 자영업 시장으로 유입되며 자영업자가 수년 만에 100만명이 급증했다. 프랜차이즈 브랜드가 난립했고, 경기 침체로 상권의 '선택과 집중'이 이뤄지며 '핫플레이스' 현상이 생겨났다. 그전에는 모든 상권이 활황이었다면, 이후 골목 상권이 지고 강남, 명동, 홍대 등 잘되는 데로만 돈이 몰렸다.

뜨는 상권과 입지에서 뜨는 프랜차이즈 매장을 열면 대박 나는 성공 방정식이 작동하기 시작한 것도 이때부터다. '노동 집약' 산업이었던 자영업 1.0에서 '자본 집약' 산업인 2.0으로 바뀐 것이다.

그리고 20여년이 흐른 지금, 대한민국 자영업 시장은 3.0 시대로 접어들었다. 이제 자영업은 '기술 집약' 산업이 됐다. 배달 앱, SNS 등 온라인 마케팅 트렌드를 못 따라가면 살아남을 수 없다. 혹자는 자영업을 '경험 집약' 산업이라 정의할 수도 있다. 자영업의 요체인 외식업이 '오감(五感)'을 만족시키는 유일한 산업이니 맞는 말이다. 다만, 그 경험의 가치를 지니는 공간이 SNS라는 점에서 기술 집약 산업의 부연이라 하셨다. 이 책은 자영업 3.0 대전환을 예고하고 또 촉구한 일련의 기록이다.

노동→자본→기술·경험 집약

• '자영업 3.0' 대전환 시작됐다

변화는 2010년대 중후반부터 감지됐다. 단군 이래 최대 스펙을 갖춘 디지털 원주민 MZ세대가 자영업 시장에 뛰어들며 '맘앤팝스토어('엄마아빠가 하는 가게'처럼 평범한 소상공인 가게를 일컫는 말, 보통 은퇴한 중년 세대가 하던 자영업을 의미한다.)'를 밀어내기 시작했다. 여기에 코로나19 사태로 인한 비대면 트렌드가 쐐기를 박았다. 자

영업 3.0 시대에 적응 못한 2.0 자영업자는 도태됐다.

프랜차이즈업계도 '뉴노멀(New Normal)' 시대의 생존 전략 찾기에 나섰다. 지난 2020년 8월 대한상공회의소에서 열린 한국프랜차이즈학회 하계학술대회에서는 정현식 한국프랜차이즈산업협회장이 '포스트 코로나 시대, 프랜차이즈 산업의 패러다임 변화'를 주제로 코로나19 이후 업계 변화와 향후 대응 방향을 제시했다. 먼저 코로나19 위기로 올 2분기 방문 취식 업소 고객이 71.6% 급감했다며 자영업자는 물론, 중소기업이 대다수(95%)인 가맹본부 타격도 심화됐다고 짚었다. 대응책으로는 배달·포장 판매 강화, HMR·밀키트 출시, 드라이브스루, 무인 점포 출점 등을 제시했다.

이어진 토론에서 이승창 한국항공대 교수는 그간 '표준화, 전문화, 단순화'라는 프랜차이즈 3요소도 새로운 패러다임 변화에 맞게 달라져야 한다고 강조했다. 요약하면 이렇다.

"과거에는 모든 가맹점이 통일된 제품과 서비스를 제공하는 표준화

공식이 통했다. 그러나 소비자 요구가 다양화된 요즘은 매장마다 개성이 중시되는 시대다. 가령 일본 하코다테의 로컬 햄버거 프랜차이즈 '럭키삐에로'는 매장마다 비틀즈, 엘비스프레슬리, 크리스마스 등 콘셉트가 모두 다르다. 반경 500m, 1*km* 이내로 허용되는 가맹점 영업권 개념도 새롭게 정립해야 한다. 배달 앱상에서는 소위 '깃발 꽂기(울트라콜)' 마케팅을 통해 수 *km* 밖의 고객 주문도 받을 수 있다. 배달 플랫폼과 전통적인 영업권이 배치되는 상황인데도 법적 정비가 미비해 혼란스러운 상황이다."

매경이코노미도 '자영업 선행지표로서 다점포율 활용과 메가 프랜차이지(다점포 경영을 하는 점주나 기업) 육성 정책 제언'이라는 주제로 현장에서 취재한 결과를 보고했다. 2014년부터 7년간 취재한 국내 주요 프랜차이즈 다점포율 시계열 변화를 근거로, 기업가형 소상공인이 자영업 시장의 트렌드를 좌우하는 바로미터임을 실증했다.

일례로 편의점 5사의 경우 1989년부터 31년간 총 가맹점 수는 지속 증가해왔지만, 다점포율은 2015년을 기점으로 하락세로 전환했다. 2015년은 국내 편의점이 3만개를 돌파해 편의점당 배후인구가 일본, 대만 수준인 2200명을 밑돌게 된 해다. 1인 가구 증가 등으로 편의점 시장은 성장했지만 시장 포화도가 더 빠른 속도로 높아지며 점포당 수익성은 악화된 것. 이에 편의점을 2개 이상 운영하는 투자형 다점포 점주들이 선제적으로 점포 정리에 나섰다는 얘기다.

다점포 운영 전문 기업(메가 프랜차이지)이 일반화된 미국, 일본 사례도 소개했다. 미국의 프랜차이즈 가맹점 22만3000여개 중 메가 프랜차이지가 운영하는 매장은 54%에 달한다(2019년 기준). 코로나19 사태로 자영업 시장이 위기를 맞은 지금, 일반 생계형 점주와 기업가 정신을 지닌 다점포 점주를 구분해 전자는 보호하고 후자는 육성하는 맞춤형 투트랙 정책 개발이 이뤄져야 한다. 일단 시장 현황을 정확히 파악할 수 있도록 미국처럼 정보공개서에 다점포 운영 현황을 기재토록 해 공식 통계 작성이 선행돼야 한다고 강조했다.

정부 '기업가형 소상공인' 육성 장사 노하우 품앗이 '창톡' 선봬

이상의 논의는 정부 정책 변화와 새로운 자영업 플랫폼 등장으로 이어졌다.

2022년 8월 윤석열 대통령은 6차 비상경제민생회의에서 '기업가형 소상공인 육성'을 핵심으로 하는 '새 정부 소상공인 · 자영업 정책 방향'을 발표했다. "우리 동네 소상공인이 성장하는 혁신 기업가로 거듭날 수 있도록 지원하겠다"며 각종 기술 도입과 투자 유치를 지원하겠다고 밝혔다. 소상공인을 '보호의 대상'으로만 여겼던 역대 정부와 달리, 성장(Scale Up) 잠재력이 있는 '육성의 대상'으로 관점을 넓힌 것. 조주현 중소벤처기업부 차관을 비롯해, 미국 전 · 현직 프랜차이즈협회장, MUFC(다점포 점주 콘퍼런스) 회장 인터뷰까지 자영업 뉴패러다임에 대한 증언들을 책에 담았다.

자영업 3.0 시대에 맞는 새로운 창업 플랫폼 '창톡(ChangTalk)'도 매경 사내벤처 '창업직썰'을 통해 2023년 선보인다. 프랜차이즈 대표, 1등 점주, 다점포 점주, 미쉐린 가이드 셰프 등 전국의 장사 고수 수백 명이 예비 · 초보 자영업자와 1:1 코칭을 해주는 장사 노하우 품앗이 서비스다. 인접 상권에서 같은 업종으로 장사에 성공한 선배 자영업자들이 자영업 일타 강사로 나선다. 이들의 도움으로 생존하고 성장한 자영업자들이 장사 고수가 돼, 다시 후배 자영업자를 돕는 선순환을 꿈꾼다.

미국발 금리 인상에 세계 경제가 얼어붙고 있다. IMF 외환위기 때 그랬듯, 또 얼마나 많은 실직자가 쏟아져 자영업자가 될까. '정글'에서 '지옥'으로 온 그들의 분투는 또 얼마나 처절할까. 이 책과 창톡이 조금이나마 발 디딜 수 있는 밑동이 되기를 바란다.

- **노승욱** 매경이코노미 기자

포스트 코로나 신상권 지도

초판 1쇄   2023년 1월 6일

지은이   매경이코노미
펴낸이   최경선
펴낸곳   매경출판㈜
등록   2003년 4월 24일(No. 2-3759)
주소   (04557) 서울시 중구 충무로 2(필동1가) 매일경제 별관 2층 매경출판㈜
인쇄 · 제본   ㈜M-print   031)8071-0961

ISBN 979-11-6484-510-1(03320)